당신의 노동은
안녕한가요?

당신의 노동은
안녕한가요?

법률과 함께 보는
노동인권
이야기

김경희
지음

당당하게 일하고
정당하게 대우받아야 할
이 땅의 노동자들에게

"선생님, 저희 돈 입금됐어요!"

노동법 교육에서 만난 청소년 노동자의 연락이었다. 고등학교에 재학 중이던 그 학생은 주말에 친구들과 함께 뷔페식당에서 아르바이트를 한 경험이 있었다. 그런데 노동법 교육을 들어보니 지급받은 아르바이트비에 문제가 있는 것 같다며 상담을 요청해왔다. 이야기를 나눠보니 학생들은 하루 10시간을 일했지만 연장 근무에 대한 가산수당을 받지 못했다. 일인당 1만 원가량이었다. 상담을 요청해온 학생은 업체에 바로 연락해 자신의 권리를 주장했다. 본인과 친구들이 지급받지 못한 아르바이트비를 받기까지는 열흘도 걸리지 않았다.

'이 맛에 노동법 교육을 하지!'

최저임금이 얼마인지, 휴가 일수와 퇴직금 액수는 어떻게 되는지 검색만 하면 인터넷에서 척척 계산해주는 시대다. 노동법에 관해 궁금한 내용은 쉽게 알 수 있지만, 일터에서 당당한 노동자로 살기가 쉽지 않은 시대이기도 하다. 노동법 교육을 통해 스스로의 권리를 주장하고 해결한 것이 '생애 첫 노동'의 경험이라니 기쁜 일이 아닐 수 없다.

이 책은 제주도에서 도민 노동 상담을 하면서 접한 사례를 중심으로 써내려간 것이다. 이 책은 노동자의 삶에 관한 이야기다. 노동자의 인권에 대한 이야기다. 노동 과정에서 마주하는 다양한 인권침해 사례도 이 책에 담아냈다. 법률 내용도 함께 소개하고 있어 일터에서 적절하게 활용할 수 있도록 했다.

노동 과정에서 인권침해는 다양한 방법으로 일어난다. 부당 해고, 임금 체불, 일터 괴롭힘, 차별, 고함, 막말, 폭행…. 급기야 일하다가 목숨을 잃는 돌이킬 수 없는 피해도 발생한다.

2017년 11월, 제주에서는 특성화고 현장실습을 하던 이민호 학생이 작업 현장에서 사망했다. 20일가량을 장례식장에서 유족과 함께 지냈다. 사망 사고를 조사하며 알게 된 것은 현장실습생을 값싼 노동력으로 활용하려는 우리 사회의 민낯과 경제 논리로 노동자의 죽음을 묻어버리려 한 현장의 실태였다. 비단 이민호 학생 이야기만은 아닐 것이다. 한 해 2400명의 노동자가 멀쩡히 출근했다가 집으로 돌아오지 못하고 있다.

우리는 하루를 살면서 무수히 많은 노동자를 만나고 있다. 아침에 일어나 누군가가 생산한 식품을 먹고, 누군가가 만든 치약으로 양치를 하고, 누군가가 만든 옷을 입고, 누군가가 운전하는 혹은 만든 차를 타고 학교로, 직장으로 간다. 대기업 재벌이라도 누군가의 노동 없이는 세상을 살아가기 힘들다. 우리 모두는 노동으로 연결되어 있는 것이다. 그런데 정작 노동을 하는 노동자의 권리는 숨겨야 한다고 사회로부터 강요받는 것 같다.

이 글이 당당하게 일하고자 하는 모든 노동자에게 힘이 되기를 바란다. 특히 청년들에게는 내가 정당한 대우를 받으며 일하고 있는지 되돌아보는 계기가 되었으면 좋겠다.

제주에서 김경희

3장 노동의 문제는 인권의 문제다
°존중받아야 할 노동인권에 관해

4장 노동자에게도 정당한 권리를
°쟁취해야 할 몫에 관해

5장 노동자는 오늘도 돌아오지 못했다
°건강하게 일할 권리에 관해

6장 노동자를 위한 법과 제도
°보호받아야 할 노동에 관해

1장
노동자는
일하고 싶다

° 불안정한 고용과
해고에 관해

내 의사에 반해
작성한 사직서,
과연 효력 있을까

"끝내자."

"우린 여기까지야."

친구나 애인 사이에서 감정이 격해져 내뱉었다가 오해가 풀리거나 진심이 아니라는 걸 알게 돼 말을 거둬들이고 다시금 관계가 회복되는 일이 종종 있다. 사용자와 노동자의 근로계약 관계에서도 이런 일이 일어날 수 있을까? 사용자가 "내일부터 해고입니다"라고 말하거나 노동자가 "그만두겠습니다"라고 일방적으로 의사를 표현했다면?

대학을 갓 졸업하고 처음으로 직장생활을 시작한 20대

초반 노동자가 겪은 일이다. 입사한 지 3개월여가 되었을 무렵 직장상사와 면담을 가졌다. 처음에는 일상적인 면담인 줄 알았는데 우리 회사와 맞지 않으니 근로관계를 종료하겠다는 어처구니없는 이야기를 건네는 자리였다. 새내기 노동자는 당황스러웠고 억울했다. 지각 한 번 하지 않았고, 자기 일만이 아니라 선배들이 시키는 일까지 최대한 열심히 하려고 노력했기 때문이다. 우수하지는 못했을지라도 특별히 잘못한 것도 없었다. 새내기 노동자는 "제가 뭘 잘못해서 잘려야 하느냐"고 따져 묻고 싶었지만, 상사의 이야기를 듣는 내내 식은땀만 흘렸다. 면담을 진행하던 상사는 서류를 하나 내밀었다. 사직서였다. 갑자기 죄인이 되어버린 그에게 "개인 사유"를 사직 이유로 기재하라는 상사의 마지막 업무 지시가 내려왔다.

사직서를 제출한 다음 날 상담소로 연락이 왔다. 억울하게 사직서를 제출했는데 이런 경우 구제받을 방법이 있는지 묻는 내용이었다. 사직서를 작성했더라도 실질적으로 해고 성격이라면 '부당 해고'에 해당한다고 알려주었다. 본인 의사에 반한 사직서를 제출했기 때문이다. 사직서를 제출한 날이 주말이었고, 아직 사직서가 수리되었다는 연락을 받지 않았을 테니 지금이라도 사직 의사를 취소하겠다는 내용을 회사 측에 전달하라고 했다. 부당 해고를 다투는 과정에서는 사직서를 작성했다는 사실이 노동자에게 불리하게 작용할 수 있다. 따라서 사직 효력이 발생하기 전에 취소 의사를 밝히는 게 좋다. 한참을 고민하던 새내기 노동자는 부모님과 상의 끝에 '사회 경험 했다' 생각하고 이번 일을 그냥 넘어가기로 했다는 말을 전해왔다. 이제 사회에 첫발을 내디뎠는데, 혹 동종업계 블랙리스트 명단에 올라가기라도 하면 곤란하다는 이유였다. "블랙리스트 자체가 불법이라 처벌받습니다"라는 내 조언은 법과 현실의 간극 사이에서 허공으로 흩어져버렸다. 사회에 첫발을 내딛자마자 부당한 일을 당한 그를 보면서 안타까운 감정이 밀려왔다.

회사가 사직서 작성을 강요한다면 어떻게 해야 할까?

일반적으로 근로계약의 종료 사유는 노동자의 의사나 당사자 간의 동의가 전제되는 사직(퇴직), 사용자의 일방적 의사에 따른 해고, 노동자나 사용자의 의사와 관계없이 행해지는 자동 소멸로 나뉜다. 그중에서 해고는 사업장에서 불리는 명칭이나 절차와 관계없이 노동자의 의사에 반해 사용자의 일방적 의사로 이뤄지는 근로계약 관계의 종료를 의미한다.

〈민법〉에서는 고용관계 해지에 대해 계약 당사자가 한 달 전에 통보하면 해지할 수 있도록 규정하고 있다. 그러나 이는 노동이 생존 수단인 사람에게 불리하게 작용할 수 있기 때문에 특별법인 〈근로기준법〉에서는 사용자의 일방적 해고를 금지해 노동자의 생존권을 보호하고 있다.

〈근로기준법〉에 따르면 사용자는 정당한 이유 없이 노동자를 해고할 수 없다. 만약 해고하려면 사회 통념상 인정될 만한 사유가 있어야 하고, 해고 시기와 사유를 명시해 1개월 이전에 당사자에게 서면으로 통보해야 한다. 1개월 이전에 통보하도록 하는 것은 해고당한 노동자가 다른 생계 수단을 찾을 수 있는 시간적·경제적 여지를 주기 위해서다. 만약 1개월 전에 통보하지 않고 곧바로 해고할 경우 사용자는 1개월 치 임금에 해당하는 '해고예고수당'을 노동자에게 지급해야 한다. 또 노동자는 노동위원회에 '부당해고구제신청'을 제기해 해고의 정당성 여부를 다툴 수 있다. 사용자가 노동자를 일방적으로 해고했다면 그에 대한 책임을 져야 하는 것이다.

이런 절차 때문에 일부 사용자는 사실상 노동자를 해고하는 것임에도 해고 대상 노동자에게 허위로 사직서를 작성

케 해 해고의 책임을 회피하려 한다. "본인이 그만두기 싫으면 사직서를 끝까지 안 쓰면 되는 것 아니냐. 본인이 선택한 것이다"라고 생각할 수 있지만 현실은 그리 간단치 않다.

사직서 작성은
어떤 경우에도 신중해야

앞의 이야기에서처럼 당황한 나머지 사직서를 작성하는 노동자도 있고, 회사가 어려워 곧 문을 닫아야 하니 사직서를 작성해달라는 요청을 받아 작성하는 노동자도 있다. 또 사직서를 작성해야 퇴직금이 제대로 나온다는 거짓 협박에 어쩔 수 없이 작성하는 경우도 있고, 심지어 사직서를 작성해야 실업급여를 받을 수 있다고 노동자를 기망하는 사례도 있다(오히려 사직서를 작성하면 '자발적 이직' 사유에 해당해 실업급여 지급 대상에서 제외된다).

이처럼 외형상 사직이더라도 실질적으로는 해고인 사례는 무척 많다. 이런 경우 해고 요건(정당한 사유 및 절차적 정당성)을 갖추지 않았기에 대부분 '부당 해고'에 해당한다. 다만, 노동자가 정황상 본인 의사에 반해 사직서를 작성했다는 사실을 객관적으로 입증해야 하는데, 입증 과정이 만만치 않다. 따라서 사측으로부터 사직서 작성을 강요받는 상황에 처해 있다면 무척 신중해야 한다. 의도치 않게 사직서 작성을 강요받고 있다면 즉시 노동 상담을 통해 대응하기를 권한다.

• 민법 •

°시행 2018. 2. 1. °법률 제14965호, 2017. 10. 31., 일부개정

제107조(진의 아닌 의사표시)

① 의사표시는 표의자가 진의 아님을 알고 한 것이라도 그 효력이 있다. 그러나 상대방이 표의자의 진의 아님을 알았거나 이를 알 수 있었을 경우에는 무효로 한다.

② 전 항의 의사표시의 무효는 선의의 제삼자에게 대항하지 못한다.

갑작스러운 권고사직, 어떻게 대처해야 할까

　연초 제주 서귀포의 한 호텔에서 일하는 노동자가 상담을 요청해왔다. 호텔은 개업일을 정하고 한창 개장 준비를 하던 때였다. 그런데 갑작스럽게 경영난을 이유로 모든 노동자에게 '권고사직'을 통보했다. 길게는 작년 12월부터 출근하던 직원도 있었고, 짧게는 1월 초에 입사해 일을 시작한 이도 있었다. 이들 모두가 졸지에 일자리를 잃을 처지에 놓인 것이다.

　회사는 1월 중순으로 권고사직 일자를 통보했고, 호텔에서 제공한 기숙사를 사용하던 노동자들은 그때까지 숙소를 비워주어야 했다. 며칠 안에 전기까지 끊을 예정이라면서.

해당 호텔은 사업을 잠정적으로 휴업하는 것인지, 아니면 아예 폐업하는 것인지 확실치 않은 상황이었다. 노동자들에게는 아무런 정보가 없었다. 휴업인지 폐업인지는 노동자에게 무척 중요한 문제다. 폐업이라면 불가피한 이유로 근로계약이 더이상 유지될 수 없겠지만, 잠정 휴업이라면 상황이 달라지기 때문이다. 경영난으로 개장일이 연기된 잠정 휴업이라면 사용자는 노동자와 맺은 근로계약을 일방적으로 해지하지 못한다. 경영난을 이유로 근로계약을 일방적으로 해지하려면 〈근로기준법〉에 따라 경영상 이유에 의한 해고 절차를 거쳐야 한다. 인력 감축의 책임을 노동자가 져야 하는 데에 대한 최소한의 법적 보호 장치다. 해당 호텔 사용자가 '권고사직 통보'라는 방식을 사용한 것은 아마도 이런 법적 부담을 피하기 위해서일 것이다. 노동자들은 '해고'와 '권고사직'의 차이를 알아둘 필요가 있다.

회사가 권고사직을 '통보'할 수 있는 걸까?

권고사직을 '통보'받으면 노동자는 이를 따라야 할까? 결론부터 말하자면 그렇지 않다. 권고사직이라는 말 속에도 담겨 있지만, 권고사직의 법적 효력은 결국 '사직'이다. 사직이란 노동자 일방의 의사 표시로 근로계약이 종료되는 것을 의미한다. 회사가 사직 의사를 처리하면 즉시 사직하는 것도 가능하다. 사직은 해고가 아니기 때문에 노동자는 차후 부당함을 다투기도 어렵다. 권고사직은 회사가 사직할 것을 '권고'했다는 것일 뿐 결국 사직을 할지 말지 선택하는 주체는 노동자다. 따라서 그 책임은 온전히 노동자가 진다. 그렇기에 회사가 사직을 '권고'할 수는 있어도 '통보'할 수는 없는 것이다.

다시 말해 노동자가 사직 의사를 표현하지 않는 한 권고사직에 따른 근로계약 종료는 성립할 수 없다. 그렇지만 현실에서 앞 사례처럼 권고사직 '통보'를 받는다면 개별 노동자가 대응하기는 만만치 않다. 권고사직이라는 외형을 띠고 있긴 하지만 사실상 부당 해고에 해당하는 경우가 많아서다. 권고사직을 거부했다가 기존 업무에서 배제된다거나, 적법한 연차 사용을 허가하지 않는다거나, 온갖 핑계를 끌어모아 징계를 내리는 등 직장 내 괴롭힘으로 이어지는 사례도 종종 있다.

권고사직을 받아들이면 구직급여를 받을 수 있게 해주겠다는 회사의 말만 믿고 사직서를 제출했다가 회사에서

'자발적 이직'으로 처리해 결국 구직급여를 받지 못한 경우도 보았다. 앞 사례에서 서귀포의 호텔 노동자 대부분은 입사한 지 길어야 두 달이 채 되지 않은 상황이었다. 호텔과 근로계약서도 작성하지 않고 구두 계약만 해둔 상태였다. '좋은 경험 했다' 치고 사직서를 제출할 상황도 아니었다. 1개월 넘게 일한 직원의 급여가 한 번도 지급된 적이 없었기 때문이다. 해당 호텔에 취업하려고 지역을 바꿔 입도한 노동자도 있었고, 다니던 호텔을 어렵게 정리한 뒤 출근한 노동자도 있었다. 제주도 내 호텔 업계의 반복되는 고용 불안을 여러 차례 경험한 노동자도 있었다. 한번 경험했다손 치기에는 노동자들이 감내해야 할 고통이 상상 이상이었다.

상담하러 온 노동자들에게 사직서를 제출하지 말 것을 권유했다. 사직서를 제출하는 순간 해결책은 사라지기 때문이다. 호텔은 업무재개 계획이 전혀 없었고, 사직을 권고받은 노동자들이 사직서를 제출하지 않으면 회사가 통보한 권고사직 날짜 이후는 회사의 일방적 계약 해지가 성립된다. 이후 부당해고구제신청으로 다툴 여지가 생기는 것이다. 호텔이 폐업인지 휴업인지는 법적 대응 과정에서 좀더 파악해보자고 제안했다. 받지 못한 임금에 대해서는 체불임금구제제도를 안내해주었다.

권고사직에
대처하는 법

코로나19에 따른 경영난을 이유로 업체 규모를 떠나 휴업, 휴직이 늘고 있다는 제보가 많다. 제주도 내 대학 개강이 2주씩 연기되면서 모 대학 기숙사 식당 노동자를 대상으로 2주간 휴업이 결정되었는데, 학교에서는 휴업수당(평균임금의 70퍼센트 지급)을 지급하기로 했다고 한다. 한 대형 카지노에서는 직원들을 대상으로 무급 휴직 신청을 받기도 했다. 소규모 호텔들에서는 연차를 몰아 쓰게 하거나 연차가 없는 경우 돌아가며 무급 휴직을 하는 경우도 있었다.

그동안 사업주들은 예기치 못한 경영난을 해결하기 위해 권고사직을 손쉬운 해결책으로 사용해왔다. 앞으로도 코로나19가 지속된다면 어쩌면 그 대책으로 권고사직이 더 많이 거론될지도 모른다. 만약 권고사직 위기에 놓인다면 다음 사항을 유의해 대처하길 바란다.

앞서도 이야기했지만, 사직 여부는 노동자가 결정하는 것이다. 행여 사직하더라도 일반 사직서를 작성하면 실업급여를 받지 못할 수 있으니 사직 이유와 조건을 명시한 '권고사직서'를 별도로 작성하는 것이 좋다. 무엇보다 이런 상황에 처한다면 먼저 전문가를 찾아 상담을 받아보라고 말하고 싶다.

코로나19가 야기한 경영난이 인력 감축으로 이어지지 않았으면 한다. 코로나19의 영향이 없었을 때에도 권고사직이라는 방식으로 노동인권은 종종 침해되곤 했다. 이제는 우리 모두가 노동자의 인권을 함께 보호해야 할 때다.

· 근로기준법 ·

°시행 2021. 7. 1. °법률 제15513호, 2018. 3. 20., 일부개정

제23조(해고 등의 제한)

① 사용자는 근로자에게 정당한 이유 없이 해고, 휴직, 정직, 전직, 감봉, 그 밖의 징벌懲罰(이하 "부당 해고 등"이라 한다)을 하지 못한다.

제24조(경영상 이유에 의한 해고의 제한)

① 사용자가 경영상 이유에 의하여 근로자를 해고하려면 긴박한 경영상의 필요가 있어야 한다. 이 경우 경영 악화를 방지하기 위한 사업의 양도·인수·합병은 긴박한 경영상의 필요가 있는 것으로 본다.

② 제1항의 경우에 사용자는 해고를 피하기 위한 노력을 다하여야 하며, 합리적이고 공정한 해고의 기준을 정하고 이에 따라 그 대상자를 선정하여야 한다. 이 경우 남녀의 성을 이유로 차별하여서는 아니 된다.

③ 사용자는 제2항에 따른 해고를 피하기 위한 방법과 해고의 기준 등에 관하여 그 사업 또는 사업장에 근로자의 과반수로 조직된 노동조합이 있는 경우에는 그 노동조합(근로자의 과반수로 조직된 노동조합이 없는 경우에는 근로자의 과반수를 대표하는 자를 말한다. 이하 "근로자 대표"라 한다)에 해고를 하려는 날의 50일 전까지 통보하고 성실하게 협의하여야 한다.

④ 사용자는 제1항에 따라 대통령령으로 정하는 일정한 규모 이상의 인원을 해고하려면 대통령령으로 정하는 바에 따라 고용노동부 장관에게 신고하여야 한다. °개정 2010. 6. 4.

⑤ 사용자가 제1항부터 제3항까지의 규정에 따른 요건을 갖추어 근로자를 해고한 경우에는 제23조에 따른 정당한 이유가 있는 해고를 한 것으로 본다.

"내일부터 나오지 마세요!" 갑자기 이런 말을 듣는다면

텔레비전 드라마를 보면 "당신, 지금부터 해고야" "내일부터 나오지 않으셔도 됩니다" 같은 해고 통보를 받는 장면이 종종 나온다. 그런데 이런 일이 실제로 가능할까?

상담소에는 부당 해고 상담 문의가 많다. 출근하다 넘어져서 병원에 입원했다는 이유로, 대표에게 자기 의견을 피력했다는 이유로, 부당한 업무 관행을 문제 삼았다는 이유로, 육아휴직을 신청했다는 이유로 해고당하는 등 다양한 사연을 가지고 상담을 요청한다. 이 가운데 상당수는 〈근로기준법〉에서 규정한 절차가 지켜지지 않은 해고였다.

가장 갑갑한 경우는 5인 미만 사업장에서 해고를 당한 경우다. 부당하고 억울한 해고를 두고 내담자와 공감하며 권리를 찾아야 한다고 강조하다가 근무했던 회사의 상시 고용 노동자 수가 5인 미만으로 확인되면 난감해진다. 법이 적용되지 않는다고 노동자의 권리가 사라지는 것은 아니지만, 권리를 찾기 위한 제도적 방패막이 사라지면 막막한 감정이 들 수밖에 없다.

　　노동조건의 최저 기준을 정한 〈근로기준법〉은 5인 미만 사업장에 일부 조항만을 적용하고 있다. 사장이 "내일부터 나오지 마세요"라면서 해고예고수당(한 달 치 급여)만 지급하면 끝이다. 노동자는 억울한 해고를 당하더라도 지방노동위원회에 부당해고구제신청조차 할 수 없다. 법원을 통해 민사소송을 제기할 수는 있겠지만 당장 생계를 이어가야 하는 형편에서 불가능한 일이다. 사실상 5인 미만 사업장에서는 '사장 맘대로 해고'가 용인되고 있는 것이다.

　　이렇다 보니 노동법 관련 내용을 상담할 때는 먼저 노동자 수가 몇 명인지를 확인하고 상담을 진행한다. 5인 미만 사업장에서 일하는 노동자에게 안내할 법률적 구제책이 그리 많지 않기 때문이다. 사업장 규모를 먼저 확인하다 보니 내담자의 억울한 이야기를 충분히 듣지 못하고 상담을 마치는 일도 있다. 방금 해고를 통보받아 분하고 떨리는 마음으로 전화를 건 내담자에게 일단 위로의 말을 전하며 상담을 시작하지만, 본인이 몸담은 회사가 5인 미만 사업장이라 법적 구제를 받지 못한다는 사실을 확인하면 분노는 사업주가 아닌 〈근로기준법〉으로 향한다. "노동자로서 권리를 찾아야 한다"는 내 목소리에도 힘이 빠진다.

근로기준법 사각지대에 있는 노동자 규모는?

2018년 12월 31일을 기준으로 제주도 지역 사업체를 조사해봤더니 5인 미만 사업장은 5만 1464개로 전체의 81.9퍼센트였다. 그리고 5인 미만 사업장의 종사자 수는 9만 2986명으로 전체의 33.6퍼센트였다. 2018년 기준으로 제주도에서 일하는 27만 명의 노동자 가운데 9만여 명이 〈근로기준법〉 사각지대에 놓여 있었던 것이다. 공교롭게도 그 수치는 4대보험에 가입되어 있지 않은 노동자 비율과 비슷했다. 5인 이상 사업장인데도 사실상 〈근로기준법〉이 준수되지 않는 사례까지 포함하면 사각지대 규모는 절반 이상까지 확대될 수 있다. 제주도의 〈노동정책 기본계획〉 연구보고서에 따르면 도내의 99.1퍼센트가 50인 미만 사업장에 속한다고 한다. 곧 제주도 전체가 노동권 사각지대인 셈이다. 이 통계는 전국으로 확대해봐도 크게 다르지 않을 것이다.

〈근로기준법〉을 준수하라는 50여 년 전의 외침은 현재 진행형이다. 1953년 노동법이 제정되었을 당시 영세 사업주의 부담을 경감한다는 이유로 영세 사업장의 〈근로기준법〉 적용이 제외된 것이 지금까지 이어지고 있는 탓이다. 그 사이 법이 개정되면서 주휴수당, 휴게수당, 해고예고수당 등이 적용되긴 했지만 아직도 근로시간 제한, 해고 제한, 휴업수당 같은 주요 내용은 바뀌지 않고 있다. 〈근로기준법〉 적용을 받지 못하는 노동자는 '사장 말이 곧 근로기준법'이기에 동등한 근로계약 관계가 아닌 일방적 계약 관계가 될 가능성이 높다. 일방적 관계에서는 직장 내 괴롭힘을 당해도 신고조차 할 수 없다.

최근 〈근로기준법〉 확대 적용 논의가 진행 중인 건 다행이라 하겠다. 전태일 열사 50주기를 맞이해 민주노총은 '전태일 3법' 제정을 요구하며 5인 미만 사업장의 〈근로기준법〉 전면 적용을 주장했다. 영세 사업주의 부담이 있으니 〈근로기준법〉을 적용하지 않겠다는 1953년의 논리는 이제 시대착오적이 되었다. 영세 사업주의 부담은 〈근로기준법〉 적용 예외가 아니라 또다른 법과 정책으로 보완되어야 할 일이다. 상대적으로 더 취약한 노동자에게 그 짐을 씌워서는 문제가 해결되지 않는다. 이는 최저 기준을 정해 노동자를 보호하려는 〈근로기준법〉 취지에도 어긋난다.

이제는 노동법 사각지대를 해소하고 노동인권을 침해받은 노동자가 권리를 주장할 수 있어야 한다. 그것이 비정규직 비율, 최저임금을 받는 이들의 노동환경을 개선하는 시작이 될 것이다.

· 근로기준법 ·

°시행 2021. 7. 1. °법률 제15513호, 2018. 3. 20., 일부개정

제11조(적용 범위)

① 이 법은 상시 5명 이상의 근로자를 사용하는 모든 사업 또는 사업장에 적용한다. 다만, 동거하는 친족만을 사용하는 사업 또는 사업장과 가사家事 사용인에 대하여는 적용하지 아니한다.

② 상시 4명 이하의 근로자를 사용하는 사업 또는 사업장에 대하여는 대통령령으로 정하는 바에 따라 이 법의 일부 규정을 적용할 수 있다.

③ 이 법을 적용하는 경우에 상시 사용하는 근로자 수를 산정하는 방법은 대통령령으로 정한다.

°신설 2008. 3. 21.

비정규직 노동자의
갱신기대권이란

얼마 전 145억 원이 사라진 제주도의 신화역사공원 내 랜딩카지노에서 비정규직 노동자에게 해고가 통보되어 논란이 일었다. 그동안 해당 사업장에서는 직원을 신규 채용한 다음 2년 뒤 정규직으로 전환하는 절차를 거쳤다고 한다. 그런데 이례적으로 해고를 감행한 것은 부실한 경영과 145억 원 분실에 대한 책임을 기간제 직원들에게 전가하는 것으로 비쳤다. 기간제 노동자가 계약 기간 종료 뒤 정규직 전환에 대한 기대를 가지고 있는 경우 그 법률관계는 어떻게 될까?

근로기간을 정해 계약을 체결한 기간제 노동자는 기간이 만료되면 고용관계가 종료된다. 근로계약을 갱신하지 못하면 별도의 갱신 거절 의사표시가 없더라도 퇴직하게 되는 것이다. 사업주는 기간제 근로계약으로 고용의 유연성을 확보하면서 〈근로기준법〉에서 정한 해고 제한 규정도 무력화할 수 있다. 그렇지만 노동자의 노동조건은 매우 불안정해질 수밖에 없다.

상담하며 접하는 기간제 노동자의 근로계약서를 보면 1년 단위가 많지만 3개월, 6개월 단위의 쪼개기 계약도 종종 보게 된다. 물론 휴직이나 파견으로 일시적 결원이 발생해 대체 인력이 필요하거나 특정 업무의 완성에 필요한 기간을 정해 노동자를 채용하는 경우도 있을 것이다. 문제가 되는 것은 계속 근무할 것을 전제로 시작된 고용관계에서 사용자가 법적 의무를 면탈할 목적으로 쪼개기 계약을 하거나 계약 갱신을 거부하는 상황이다. 2년 뒤 정규직 전환을 약속받고 입사했는데 회사에서 계약 갱신을 거절하면 노동자는 법적 구제를 받을 수 없는 걸까?

이와 관련해 법원에서는 노동자의 '갱신기대권'을 인정하고 있다. 갱신기대권이란 근로계약 기간이 만료되었음에도 '근로계약 당사자 간에 일정한 요건이 충족되면 근로계약이 갱신된다는 신뢰 관계가 형성'(대법원 2011. 4. 14. 선고 2007두1729판결)되어 있는 경우를 말한다. 해당 노동자가 갖는 정당한 기대권이라 할 수 있다. 노동자의 갱신기대권이 인정되면 사용자는 정당한 이유 없이 근로계약 갱신을 거절할 수 없다. 사용자가 갱신을 거절하기 위해서는 해고와 마찬가지로 사회 통념상 인정될 만한 정당한 사유가 존재해야 한다. 갱신기대권은 노동자가 갖는 막연한 바람이 아닌 객관적 권리인 것이다. 그러나 갱신기대권이 성립되기 위해서는 일정한 요건이 필요하다.

갱신기대권이 인정되려면 어떤 요건을 갖춰야 할까?

갱신기대권은 어떤 경우 인정되는 걸까?

첫째, 근로계약, 취업규칙, 단체협약에 기간 만료에도 일정 요건을 충족하면 당해 근로계약이 갱신된다는 취지의 규정이 있다면 다른 내용을 살필 것도 없이 갱신기대권이 인정된다. 예컨대 근로계약서에 '근로계약 종료 후 평가를 통해 정규직으로 전환한다' 같은 내용이 있는 경우다. 물론 근로계약서에 위 규정이 반드시 있어야 갱신기대권이 인정되는 것은 아니다.

둘째, 위와 같은 취지의 규정이 없더라도 근로계약이 이뤄진 동기와 경위를 살펴 갱신기대권이 인정될 수 있다. 이를테면, 근로계약 자체를 시용계약으로 체결했다면 정규직 전환을 전제로 채용한 계약이므로 갱신기대권이 인정될 수 있다. 채용 공고문에 '1년 근무 후 정규직 전환'이 명시되었다거나 면접 과정에서 면접관이 '2년 뒤에는 정규직으로 전환된다' 같은 발언을 했는지 여부도 판단 기준이 된다.

셋째, 정규직 전환 혹은 계약 갱신에 관한 사업장의 관행도 중요하게 본다. 최근 몇 년간 일정한 요건만 충족하면 예외 없이 정규직으로 전환된 관행이 있는지, 입사 동기 가운데 대다수가 정규직으로 전환되었는지, 특별한 사유가 없는한 계약이 계속 갱신되곤 했는지 등이다. 법원에서는 수차례 계약을 갱신하며 일해온 경비 노동자가 관리사무소에 민원을 제기한 뒤 갱신 거절을 당한 사례, 동기들은 2년 뒤 모두 정규직으로 전환되었는데 노동조합에 가입했다는 이유로 갱신이 거절된 사례에서 갱신기대권이 인정된 바 있다. 그 밖에 갱신이나 정규직 전환을 기대하도록 한 사용자의 언행이 있었는지 여부와 해당 노동자가 수행하는 업무 내용 등 당해 근로계약 관계를 둘러싼 여러 사정을 종합해 갱신기대권 유무를 판단한다.

노동자에게 갱신기대권이 인정되면 사용자는 갱신 거절 혹은 정규직 전환 거절에 대한 입증 책임이 있다. 정당한 사유가 없으면 부당 해고에 해당되어 근로계약이 갱신된 것으로 간주한다.

기간제 노동자들의 갱신기대권이 실종되지 않기를!

2007년 이른바 기간제법(《기간제 및 단시간근로자 보호 등에 관한 법률》)이 시행된 이후, 2년을 초과해 기간제로 일한 노동자는 정규직 근로계약을 체결한 것으로 간주하는 조항이 신설되었다. 법 제정 취지는 2년 이상 일하면 정규직으로 전환해 고용 안정성을 보장하겠다는 것이었다. 곧 한 직장에서 2년을 초과해 근무하면 갱신기대권 유무와 관계없이 기간제법에 따라 정규직 계약이 체결된 것으로 본다. 반면 갱신기대권은 2년 이내의 기간을 정하고 갱신되지 않는 경우, 고령자의 기간제 근로계약의 경우, 기간을 정해 정규직 전환을 하기로 했으나 전환되지 않은 경우 등에 적용된다.

비정규직 노동자에게 '갱신기대권'은 사용자의 희망 고문을 방지하는 최소한의 권리라고 할 수 있다. 곧 2년 근무 뒤 정규직 전환을 약속받고 입사했지만 정작 그 기간이 지난 뒤 계약 기간이 만료되었다고 통보받으면 그저 눈물만 흘리며 뒤돌아서는 것이 아닌 법적으로 유효한 통보인지 따질 수 있는 근거가 되는 권리다. 혹 이 권리가 자신에게 해당되지 않는지 잘 살펴보길 바란다. 아울러 계약 해지를 앞두고 있는 기간제 노동자들의 갱신기대권이 실종되지 않았으면 좋겠다.

• 기간제 및 단시간근로자 보호 등에 관한 법률 •
°시행 2021. 5. 18. °법률 제18177호, 2021. 5. 18., 일부개정

제4조(기간제 근로자의 사용)
① 사용자는 2년을 초과하지 아니하는 범위 안에서(기간제 근로계약의 반복갱신 등의 경우에는 그 계속 근로한 총 기간이 2년을 초과하지 아니하는 범위 안에서) 기간제 근로자를 사용할 수 있다. 다만, 다음 각 호의 어느 하나에 해당하는 경우에는 2년을 초과해 기간제 근로자로 사용할 수 있다. °개정 2020. 5. 26.

1. 사업의 완료 또는 특정한 업무의 완성에 필요한 기간을 정한 경우
2. 휴직·파견 등으로 결원이 발생하여 해당 근로자가 복귀할 때까지 그 업무를 대신할 필요가 있는 경우

3. 근로자가 학업, 직업훈련 등을 이수함에 따라 그 이수에 필요한 기간을 정한 경우

4. 〈고령자고용촉진법〉 제2조 제1호의 고령자와 근로계약을 체결하는 경우

5. 전문적 지식·기술의 활용이 필요한 경우와 정부의 복지정책·실업대책 등에 따라 일자리를 제공하는 경우로서 대통령령으로 정하는 경우

6. 그 밖에 제1호부터 제5호까지에 준하는 합리적 사유가 있는 경우로 대통령령으로 정하는 경우

② 사용자가 제1항 단서의 사유가 없거나 소멸되었음에도 불구하고 2년을 초과하여 기간제 근로자로 사용하는 경우에는 그 기간제 근로자는 기간의 정함이 없는 근로계약을 체결한 근로자로 본다.

어쩔 수 없이
실직 상황에 놓였을 때

코로나19가 여전히 전 세계를 휩쓸고 있다. 어려운 시기를 극복하기 위해서라도 노동자의 고용 유지와 소득 보전은 계속되어야 한다. 정부는 고용유지지원금제도를 확대 적용하면서 코로나19로 인한 실업에 대비하고 있지만 역부족인 상황이다. 현장에서는 이미 해고가 빈번하게 발생하고 있다. 휴업이 장기화되면서 이직을 준비하거나, 정부의 고용유지지원금이 중단되고 무급 휴업으로 운영되는 사업장이 많아졌다. 위기 상황에서 더욱 작아진 노동자의 권리를 위해 힘을 모아야 할 때다. 하지만 어쩔 수 없이 실직 상황에 놓인다면 이직을 준비하며 실업급여를 보장받아야 한다. 최근 코로나19로 실직하는 경우 실업급여를 받을 수 있는지 묻는 연락이 부쩍 늘었다.

〈고용보험법〉에 따르면 실업급여는 구직급여와 취업촉진수당으로 구분된다. 우리가 흔히 말하는 이직 과정에서 소득을 보장하는 실업급여는 구직급여에 해당한다. 구직급여 수급을 위해서는 기본 조건이 구비되어야 하는데, 우선 고용보험에 가입해 실직 전 18개월 동안 180일 이상 보험을 유지해야 한다. 만약 이전 직장에 다니다가 새로운 직장으로 변경한 경우 중간에 실업급여를 받지 않았다면 이전 사업장에서 가입한 기간까지 포함된다. 180일은 근무 일수다. 하지만 실제 근무하지 않았더라도 유급 휴업 기간이나 유급 휴일도 근무 일수에 포함된다.

둘째 요건은 비자발적 사유로 이직했고 적극적 구직 활동을 하고 있지만 취업하지 못한 상태여야 한다. 최근 들어 문의가 많은 내용은 비자발적 사유의 범위에 관한 것이다. 〈고용보험법〉은 형식적으로는 본인의 자발적 퇴직이지만 그 사유가 사회 통념상 불가피한 것이라면 실업급여 수급 자격을 인정한다. 이 규정은 이전부터 있던 내용으로 코로나19 상황에서만 적용되는 것은 아니다.

코로나19 상황에서
실업급여가 인정되는 경우

원칙적으로 회사의 권고사직 제안을 받아들이거나 다른 직장을 구하기 위해 스스로 퇴직하는 경우에는 노동자의 자발적 의사로 해석하기 때문에 실업급여 수급 대상이 아니다. 하지만 코로나19라는 특수한 상황에서는 자발적 퇴직이더라도 실업급여 수급 대상이 되는 경우가 있다. 경영 악화를 이유로 사업주에게 퇴직을 권고받거나 인원 감축 과정에서 본인 의사로 퇴직하는 경우에는 수급 자격을 인정한다. 다만, 노동자 입장에서 주의할 점이 있다. 퇴사 사유가 '경영 악화로 인한 권고사직'임을 사직서에 명시해두어야 한다. 권고사직서 작성이 어려운 경우에는 고용보험법상 '피보험자 이직확인서'를 사업주에게 요구해 이직 사유를 명확하게 해두어야 한다. 혹시 모를 분쟁에 대비하기 위해서다. 피보험자 이직확인서는 노동자가 발급을 요구하면 사용자는 발급할 의무가 있다.

〈근로기준법〉은 사업주의 귀책사유로 휴업하는 경우 평균임금의 70퍼센트 이상의 휴업수당을 지급하도록 규정하고 있다. 경영상 위기로 인한 휴업은 사업주의 귀책사유에 해당한다. 코로나19 때문에 생긴 경영 악화로 인한 휴업 때에도 휴업수당 지급 의무가 있다. 만약 회사가 휴업하면서 평균임금의 70퍼센트 미만의 휴업수당을 지급한다면 노동부 진정을 통해 구제받을 수 있다. 하지만 코로나19가 장기화되면서 기준 미달의 휴업수당을 지급하는 경우가 빈번히 발생하고 있다. 이런 상황이 2개월 이상 지속되면 본인의 자발적 퇴사일 경우에도 실업급여 수급 자격이 인정된다. 2개월 이상 임금이 체불되거나 최저임금 이하의 시급을 받게된 때에도 마찬가지다. 다만, 본인 동의가 있었다면 수급 자격이 제한될 수 있으니 사업주의 동의를 거부하거나 이미 동의했더라도 명시적으로 부동의 의사를 밝힐 필요가 있다.

계약 만료로 퇴사한 경우에도 실업급여를 받을 수 있을까?

코로나19는 비정규직 노동자에게 더 가혹하다. 비정규직의 불안정한 고용은 경영 위기 상황을 버텨내기 힘들다. 기간에 제한이 있는 근로계약을 체결한 노동자가 계약 만료로 퇴직한다면 실업급여를 받을 수 있을까? 이 경우에도 실업급여 수급 대상이 된다. 정년이 도래한 때에도 마찬가지다. 그밖에 가족돌봄휴가나 휴직이 허용되지 않아 불가피하게 이직하는 경우, 중대 재해가 발생한 사업장이 위험 상황을 고치지 않아 재해 위험에 노출되는 경우, 체력 부족으로 주어진 업무를 수행하는 것이 곤란하지만 업무 전환이나 휴직이 허용되지 않는 경우 등으로 이직하는 것도 실업급여 수급 대상이 되는 정당한 사유로 보고 있다.

실업급여제도는 부득이한 사유로 이직할 때 한시적으로 임금 공백을 메워주는 사회보험제도다. 코로나19의 장기화로 비정규직의 계약 만료나 경영 위기 같은 불가피한 사유로 실업급여의 적용을 받는 사람이 늘어나고 있다. 실업급여 신청이 대폭 늘어서 예산을 추가로 편성한다는 뉴스도 들린다. 하지만 코로나19 이전에도 실업급여는 전체 고용예산 중 가장 높은 비율을 차지했다. 이는 그만큼 노동자의 고용이 불안정했다는 점을 방증한다. 코로나시대를 살아가는 만큼 노동자의 불안한 고용을 안정화시킬 수 있는 새롭고 다양한 방법이 강구되어야 할 것이다.

• 고용보험법 시행규칙 •

°시행 2021. 1. 1. °고용노동부령 제302호, 2020. 12. 31., 일부개정

별표2: 수급자격이 제한되지 아니하는 정당한 이직 사유
(제101조 제2항 관련) °개정 2019. 12. 31.

1. 다음 각 목의 어느 하나에 해당하는 사유가 이직일

전 1년 이내에 2개월 이상 발생한 경우

　가. 실제 근로 조건이 채용 시 제시된 근로 조건이
　　 나 채용 후 일반적으로 적용받던 근로 조건보
　　 다 낮아지게 된 경우

　나. 임금 체불이 있는 경우

　다. 소정근로에 대하여 지급받은 임금이 〈최저임금
　　 법〉에 따른 최저임금에 미달하게 된 경우

　라. 〈근로기준법〉 제53조에 따른 연장 근로의 제한
　　 을 위반한 경우

　마. 사업장의 휴업으로 휴업 전 평균임금의 70퍼센
　　 트 미만을 지급받은 경우

2. 사업장에서 종교, 성별, 신체장애, 노조 활동 등을
　 이유로 불합리한 차별 대우를 받은 경우

3. 사업장에서 본인의 의사에 반하여 성희롱, 성폭력,
　 그 밖의 성적인 괴롭힘을 당한 경우

3의 2. 〈근로기준법〉 제76조의 2에 따른 직장 내 괴롭
　 힘을 당한 경우

4. 사업장의 도산·폐업이 확실하거나 대량의 감원이
　 예정되어 있는 경우

5. 다음 각 목의 어느 하나에 해당하는 사정으로 사업
　 주로부터 퇴직을 권고받거나, 인원 감축이 불가피
　 하여 고용조정계획에 따라 실시하는 퇴직 희망자

의 모집으로 이직하는 경우

　가. 사업의 양도·인수·합병

　나. 일부 사업의 폐지나 업종 전환

　다. 직제 개편에 따른 조직의 폐지·축소

　라. 신기술의 도입, 기술 혁신 등에 따른 작업 형태
　　의 변경

　마. 경영의 악화, 인사 적체, 그 밖에 이에 준하는
　　사유가 발생한 경우

6. 다음 각 목의 어느 하나에 해당하는 사유로 통근이
　곤란(통근 시 이용할 수 있는 통상의 교통수단으로는
　사업장으로의 왕복에 드는 시간이 3시간 이상인 경우
　를 말한다)하게 된 경우

　가. 사업장의 이전

　나. 지역을 달리하는 사업장으로의 전근

　다. 배우자나 부양하여야 할 친족과의 동거를 위한
　　거소 이전

　라. 그 밖에 피할 수 없는 사유로 통근이 곤란한 경우

7. 부모나 동거 친족의 질병·부상 등으로 30일 이상
　본인이 간호해야 하는 기간에 기업의 사정상 휴가
　나 휴직이 허용되지 않아 이직한 경우

8. 〈산업안전보건법〉 제2조 제2호에 따른 '중대 재해'
　가 발생한 사업장으로서 그 재해와 관련된 고용노

동부 장관의 안전보건상의 시정 명령을 받고도 시정 기간까지 시정하지 아니하여 같은 재해 위험에 노출된 경우

9. 체력의 부족, 심신장애, 질병, 부상, 시력·청력·촉각의 감퇴 등으로 피보험자가 주어진 업무를 수행하는 것이 곤란하고, 기업의 사정상 업무 종류의 전환이나 휴직이 허용되지 않아 이직한 것이 의사의 소견서, 사업주 의견 등에 근거하여 객관적으로 인정되는 경우

10. 임신, 출산, 만 8세 이하 또는 초등학교 2학년 이하의 자녀(입양한 자녀를 포함한다)의 육아, 〈병역법〉에 따른 의무복무 등으로 업무를 계속적으로 수행하기 어려운 경우로서 사업주가 휴가나 휴직을 허용하지 않아 이직한 경우

11. 사업주의 사업 내용이 법령의 제정·개정으로 위법하게 되거나 취업 당시와 달리 법령에서 금하는 재화 또는 용역을 제조하거나 판매하게 된 경우

12. 정년의 도래나 계약 기간의 만료로 회사를 계속 다닐 수 없게 된 경우

13. 그 밖에 피보험자와 사업장 등의 사정에 비추어 그러한 여건에서는 통상의 다른 근로자도 이직했을 것이라는 사실이 객관적으로 인정되는 경우

2장
노동자는
기계가 아니다

°노동시간과
쉴 권리에 관해

나에게 2주간의 휴가가
주어진다면

노동자의 삶에서 '출근'이라는 단어는 무겁고 힘든 말이다. 일하며 느끼는 노동의 보람은 논외로 하고 말이다. 그렇기에 출근의 무게를 덜어주는 '휴가'라는 단어가 노동자에게는 더없이 반가운 말일 것이다.

매달 노동 상담의 유형별 통계를 내곤 하는데 이번 달에는 유독 연차휴가와 관련한 상담이 많았다. 본인의 연차가 며칠인지 묻는 일반 상담에서부터 연차를 사용했는데 상사가 카톡으로 업무 지시를 내렸다는 사연, 회사에서 노동자에게 연차를 억지로 쓰게 했다는 사연, 또 연차를 쓰지 못하게 한다는 사연에 이르기까지 다양한 호소가 동시에 몰렸다. 과연 연차휴가는 무엇일까?

휴일과 휴가의 차이는 뭘까?

〈근로기준법〉은 주 1회 부여하도록 하는 '주휴일'과 별도로 1년 단위의 '연차유급휴가'를 규정하고 있다. '휴일'과 '휴가'는 언뜻 비슷해 보이지만 법률상 다른 의미를 갖고 있다. 주휴일, 공휴일 등에 쓰이는 휴일은 애당초 '근로 제공의 의무가 없는 날'이다. 노동자들은 1년 치 휴일을 대략 알고 있으므로 미리 여러 계획을 세운다.

반면 휴가는 '본래 일하는 날임에도 불구하고 쉬는 날'이다. 휴가를 사용함으로써 노동자는 근로 제공의 의무가 사라진다. 휴가는 여름 휴가, 출산 전후 휴가, 배우자 출산휴가 등 다양하게 존재하지만 여기서는 최근 상담이 많았던 연차휴가를 중심으로 이야기해보겠다.

연차휴가는 유급 휴가이기 때문에 근로 제공이 없더라도 사용자는 임금을 지급해야 한다. 노동자는 휴가를 사전에 계획해 사용할 수도 있지만 개인 용무가 있을 때 급하게 사용할 수도 있다. 노동자가 휴가를 사용한 것 때문에 사업에 막대한 지장이 초래되는 경우를 제외하고 휴가의 사용

시기는 노동자가 결정하도록 하고 있다.

법률상 '연차유급휴가제도'의 주요 골자는 1년에 80퍼센트 이상 출근한 노동자에게 근속연수에 따라 1년간 최소 15일에서 최대 25일까지 유급 휴가를 부여하라는 것이다. 입사한 지 1년이 되지 않은 노동자는 1개월을 만근했을 때 다음 달 하루의 유급 휴가가 주어진다. 이렇게 발생한 연차 휴가는 발생 후 1년간 사용할 수 있으며, 노동자가 연차를 모두 소진하지 못한 경우 사용자는 노동자에게 수당을 지급해야 한다.

노동자의 쉴 권리만큼은 빼앗지 않았으면

주 1회 주휴일과 별개로 연차휴가가 존재하는 것은 단발성 휴식이 아닌 장기간 휴식을 통해 노동자가 건강을 챙기고 작업 능률을 올릴 수 있도록 지원하고자 하는 취지다. 실제로 10여 년 전부터 1년에 한 번 2주간 연속 휴가를 다녀올 것을 강제하는 국내 기업이 늘어나는 추세다. 2주라는 기간은 1970년 국제노동기구ILO에서 정한 기준이기도 하다. 1년에 한 번 정도는 일상에서 벗어나 지난 시간을 되돌아보고 여유 있는 휴식을 취하자는 것이다.

하지만 많은 사업장에서 연차휴가를 제대로 사용하지 못하는 경우가 빈번하다. 연차휴가를 사용하지 않으면 수당으로 지급되기 때문에 낮은 임금을 보충할 목적으로 사용하지 않는 노동자도 있지만, 포괄임금계약을 하면서 연차수당을 연봉에 포함시켜 연차 사용권을 박탈하는 사례도 있다. 또 매달 근무 일정을 짜면서 회사 일정대로 연차 사용일을 지정해 노동자의 필요에 따라 연차를 사용하지 못하게 하는가 하면, 사용자가 수당을 지급하지 않으려고 '연차휴가촉진제'를 시행했으나 실제 업무가 마무리되지 않아 '연차' 기간임에도 회사에 나와 일하는 경우도 종종 있다. 연차를 쓰는 행위 자체가 조직 내에서 금기시돼 눈치를 보는 일도 부지기수다. 상시노동자 수가 5인이 되지 않아 아예 법 적용 대상이 되지 않는 사업장도 한두 곳이 아니다.

노동자의 저임금 해소가 선행되지 않으면 법률상 정해진 연차휴가제도의 실질적 활용은 어려울 것이다. 또 구성원들 사이에 휴가를 사용하는 것이 곧 우리의 노동인권과 연결되며, 건강권을 위한 행동이라는 공감대를 만드는 것도 중요하다.

앞서 언급한 '2주간의 휴가' 이야기는 일부 사업장에 국한된 이야기다. 누군가에게는 아직 먼 나라 이야기처럼 들릴 것이다. 그럼에도 만약 온전히 나를 위해 쓸 수 있는 2주간의 휴가가 매년 주어진다면 어떨지 상상해보라. 무얼 할 수 있을까? 일상에서 벗어나 훌쩍 여행을 떠나거나, 바빠서 만나지 못했던 사람들과 여유롭게 만나거나, 평소 즐기지 못한 취미생활을 할 수 있을까? 그런 사회가 속히 오기를 희망한다.

• 근로기준법 •

시행 2021. 7. 1. °법률 제15513호, 2018. 3. 20., 일부개정

제60조(연차유급휴가)

① 사용자는 1년간 80퍼센트 이상 출근한 근로자에게 15일의 유급휴가를 주어야 한다. °개정 2012. 2. 1.

② 사용자는 계속하여 근로한 기간이 1년 미만인 근로자 또는 1년간 80퍼센트 미만 출근한 근로자에게 1개월 개근 시 1일의 유급휴가를 주어야 한다. °개정 2012. 2. 1.

③ 삭제 °2017. 11. 28.

④ 사용자는 3년 이상 계속하여 근로한 근로자에게는 제1항에 따른 휴가에 최초 1년을 초과하는 계속 근로 연수 매 2년에 대하여 1일을 가산한 유급휴가를 주어야 한다. 이 경우 가산휴가를 포함한 총 휴가 일수는 25일을 한도로 한다.

⑤ 사용자는 제1항부터 제4항까지의 규정에 따른 휴
가를 근로자가 청구한 시기에 주어야 하고, 그 기간
에 대하여는 취업규칙 등에서 정하는 통상임금 또
는 평균임금을 지급해야 한다. 다만, 근로자가 청구
한 시기에 휴가를 주는 것이 사업 운영에 막대한 지
장이 있는 경우에는 그 시기를 변경할 수 있다.

⑥ 제1항 및 제2항을 적용하는 경우 다음 각 호의 어
느 하나에 해당하는 기간은 출근한 것으로 본다.
°개정 2012. 2. 1., 2017. 11. 28.

1. 근로자가 업무상의 부상 또는 질병으로 휴업한
기간

2. 임신 중의 여성이 제74조 제1항부터 제3항까지
의 규정에 따른 휴가로 휴업한 기간

3. 〈남녀고용평등과 일·가정 양립 지원에 관한 법
률〉 제19조 제1항에 따른 육아휴직으로 휴업한
기간

⑦ 제1항, 제2항 및 제4항에 따른 휴가는 1년간(계속
하여 근로한 기간이 1년 미만인 근로자의 제2항에 따
른 유급휴가는 최초 1년의 근로가 끝날 때까지의 기
간을 말한다) 행사하지 아니하면 소멸된다. 다만,
사용자의 귀책사유로 사용하지 못한 경우에는 그
러하지 아니하다. °개정 2020. 3. 31.

홍콩의 야경을
제대로 즐기는 법?

    홍콩 여행 안내서를 보던 중 눈에 띄는 부분이 있었다. 홍콩 야경을 보는 팁이 아주 작은 글씨로 적혔는데, 의아하게도 "평일에 가라"는 것이었다. 이유인즉슨 홍콩 야경의 배경이 되는 빌딩들은 대부분 금융회사인데, 노동자들이 밤늦게까지 야근하는 평일에 가야 빌딩 칸칸이 반짝거리는 모습을 볼 수 있다는 것이었다. 전 세계에서 찾아온 인파로 매일 밤 북적인다는 홍콩의 경관 속에는 밤늦게까지 불을 밝히고 일하는 홍콩 노동자들의 노동이 숨어 있었던 것이다.

나는 얼마나 오래
일하고 있는 걸까?

현행 〈근로기준법〉에서는 주 40시간을 법정노동시간으로 규정하고 있고, 많은 사업장이 주5일제로서 하루 8시간 근무체제로 운영되고 있다. 경우에 따라 교대 근무를 하거나 당사자 간 합의로 연장 근무를 하기도 한다. 연장 근무를 통한 장시간 노동이 사회문제가 되어 2018년 개정된 〈근로기준법〉에서는 연장 근무는 휴일을 포함해 1주간 12시간을 넘을 수 없다는 점을 명확히 했다. 일work과 생활life의 균형balance을 뜻하는 워라밸work and life balance이라는 용어가 최근 자주 사용되고 있다. 하루 24시간은 정해져 있는 것이니 8시간 근무work, 8시간 휴식rest, 8시간 여가recreation 시간이 주어진다면 워라밸을 고민해볼 시간적 토대는 마련될 것 같기도 하다. 그러나 현실은 상상과 다르다. 하루 8시간만 근무한다고 했을 때 2021년 최저임금을 기준으로 세금을 제하고 나면 월 170만 원가량이 손에 쥐어진다. 이미 2017년부터 1인 가구의 최저생계비가 200만 원이 넘었기에 생계비 보전을 위해 부수 일자리를 구해야 한다는 계산이 나온다. 저임금 노동시장이 개선되지 않는 한 모든 노동자의 노동시간 단축의 봄은 묘연하다.

노동자의 날,
나도 쉴 수 있을까?

하루 8시간 노동의 요구는 꽤 긴 역사를 가지고 있다. 노동운동 역사가 곧 노동시간 단축의 역사라 해도 과언이 아니다. 1886년 5월 1일, 미국 시카고의 노동자들은 노동시간 단축을 요구하며 파업을 벌였다. 당시 하루 평균 15시간씩 일하던 노동자들이 내건 요구는 '8시간 노동, 8시간 휴식, 8시간 교육'이었다. 그러나 미국 정부는 평화 시위에 참여한 노동자들을 향해 총구를 겨누었고 어린아이를 포함해 6명이 사망하는 일이 발생한다. 다음 날, 경찰의 만행을 규탄하며 30만 명의 군중이 시카고 헤이마켓광장에 모여 시위를 벌였고, 그 과정에서 노동운동가 5명이 폭동죄로 몰려 사형을 당했다. 이와 같은 시카고 노동자의 투쟁에 연대하기 위해 1889년 세계 각국의 노동운동 지도자들이 파리에 모여 개최한 제2인터내셔널대회에서 매년 5월 1일을 전 세계 노동자들이 연대하고 투쟁하는 날로 결의했다. 이것이 지금까지 여러 국가에서 지켜지고 있는 노동절의 기원이다.

필자의 지인이 근무하는 제주시의 한 피부과에서 있었던 일이다. 여느 소규모 사업장이 그렇듯 노동절을 챙기는 사업장이 아니었다. 그러던 어느 해, 지인은 몇 번을 망설이다가 작정한 듯 원장과 담판을 지었고, 그 이후 매년 피부과 직원 모두가 노동절에 근무할 경우 휴일수당을 받게 되었다.

노동조합을 만들면 가장 먼저 확인하는 일 하나는 사업주가 노동절 관련 법률을 위반하고 있지 않은지 여부다. 예외 없이 모든 사업장에 적용되는 법이기 때문이다. '노동자의 날'은 〈근로자의 날 제정에 관한 법률〉에 규정되어 있다. 법률은 간단하다. 5월 1일을 모든 노동자의 유급 휴일로 한다는 것이다. 상시노동자 수와 관계없이 모든 노동자에게 적용되지만, 노동관계에서 〈근로기준법〉 적용을 받지 않는 공무원이나 교원에게는 적용되지 않는다. 만약 노동자가 5월 1일에 근무를 한다면 그것은 '휴일 근무'에 해당하고 사업주는 그에 따른 수당을 별도로 지급해야 한다.

하루 8시간 노동을 요구했던 전 세계 노동자들의 역사적 흐름에 나 또한 동참해보면 어떨까? 5월 1일, 노동절 유급 휴일의 권리를 찾아보자!

• 근로자의 날 제정에 관한 법률 •
°시행 2016. 1. 27. °법률 제13901호, 2016. 1. 27., 전부개정

5월 1일을 근로자의 날로 하고, 이날을 〈근로기준법〉에 따른 유급 휴일有給休日로 한다.

야간 노동
넘치는 사회

일상에서 우리는 야간 노동 중인 이들을 얼마나 자주 만날까? 혹시 나도 야간 노동을 하는 노동자일까?

외국으로 여행이나 출장을 갔다 온 사람들에게 "유럽 거리의 밤은 우리나라와 사뭇 달랐다. 식당 대부분은 문을 닫았고 거리에도 사람이 별로 없어 썰렁했다"라는 이야기를 종종 듣는다.

전 세계 어디든 맥도날드가 들어서지 않은 곳이 없기에 대표 메뉴인 빅맥Big Mac을 통해 각 나라의 통화 가치를 비교하는 '빅맥지수'라는 경제지표가 있다. 예컨대 '각국의 최저임금으로 빅맥 세트를 얼마나 살 수 있는가?'를 도출해 비교하는 식이다.

빅맥지수에 착안해 구글 앱에 등재된 각국의 맥도날드 영업시간을 확인해보았다. 유럽의 몇몇 국가를 비교해본 결과는 예상대로였다. 이탈리아, 독일, 프랑스에서는 맥도날드 영업시간이 제한되어 있었다. 유명 도시 중심가에도 대부분 오전 1~7시까지는 영업을 하지 않았다. 반면 한국의 맥도날드는 대부분 24시간 영업 중이었다. 제주에서도 중문과 서귀포 일부를 제외하고는 모두 24시간 운영되는 매장이다. 정확도 부분에서 구글 앱을 통한 것이라는 한계가 있긴 하지만 어쨌든 한국이 '24시간 불이 꺼지지 않는 사회'라는 것을 단적으로 보여주는 표지 아닐까.

비단 맥도날드만이 아니라는 것은 우리 모두 알고 있을 것이다. 우리 일상에서 24시간 운영하는 편의점, 식당, 마트, 카페를 찾는 건 그리 어려운 일이 아니잖은가.

누군가의 과로로
채워진 편리함

최근 쿠팡의 '로켓배송'을 사용하지 않겠다는 선언이 SNS에서 확산되었다. 쿠팡은 사업 영역을 넓히면서 주문한

다음 날 받아보는 로켓배송에 이어 저녁에 주문하면 아침에 오는 새벽배송 서비스까지 제공하고 있다. 집에서 상품을 편리하고 빠르게 받아볼 수 있는 택배의 물류량은 폭발적으로 증가했다. 하지만 로켓배송과 새벽배송이 가능하려면 누군가의 야간 노동이 필수다. 그러나 엄청난 물류량에 비해 인력은 항상 부족하다. 그 결과 지난 8개월간 5명의 노동자가 과로사했다. 나에게 편리함을 주는 시스템이 누군가의 희생을 강요하는 것이라면 편리함을 포기하겠다고 선언하는 이들이 늘어나는 이유다.

세계보건기구 산하 국제암연구소는 2007년 야간 노동과 교대제 노동을 2급 발암물질로 규정했다. 연구소는 야간 노동이 인간의 생체리듬을 어지럽히고 암을 유발하는 원인이라고 밝혔다. 실제 야간 노동과 교대제 노동은 불면증 같은 수면장애와 소화불량을 일으켰고, 잦은 생활 패턴의 변화는 일상생활의 부적응을 초래했다. 예전에는 24시간 공장을 가동하기 위해 제조업을 중심으로 주야 맞교대제가 많았다. 이후에는 야간 노동의 부작용 때문에 '주간 연속 2교대제'가 큰 공장을 중심으로 도입되었다. 그런데 이번에는 서비스업 전반으로 야간 노동이 번지고 있는 추세다.

야간 노동에 대해 〈근로기준법〉은 밤 10시~새벽 6시에 일한 경우 통상임금의 50퍼센트를 가산해 지급하게 하고 있지만 그 외 특별한 규제는 없다. 산업재해 승인 여부를 결정하는 근로복지공단에서는 업무상 과로사의 기준인 노동시간을 산출할 때 야간에 일한 경우 30퍼센트를 가산하고 있다. 곧 야간에 3시간 연달아 일한 것과 주간에 4시간 연달아 일한 것을 동일하게 계산한다는 의미다.

아직까지 한국에는 야간 노동을 할 때 휴게시간이나 노동시간 제한에 대한 규정이 없다. 예컨대 〈근로기준법〉에는 4시간을 일하면 30분 이상 휴게시간을 부여하게 되어 있긴 하지만 야간 노동에도 똑같이 적용될 뿐이다. 결과적으로 현장에서는 임금을 많이 받는 야간 노동을 선호하기도 한다. 야간 노동만 전담하는 노동자가 있을 정도다. 이는 현행 노동자의 임금 수준이 정상화되어야 할 이유이기도 하다.

필수 야간 노동은 최대한 많은 사람이 나눠서

우리 삶을 위해 꼭 필요한 야간 노동도 있다. 주로 공공성을 띠는 노동이다. 의료기관, 발전소, 경찰서, 소방서처럼 사회의 공적 기능을 담당하는 곳들은 24시간 운영되어야 한다. 하지만 이런 경우에도 노동자의 건강상 유해를 줄이

기 위한 인력 확보를 통해 야간 노동을 최소화하거나 휴식
시간을 충분히 주는 등 개선책이 지속적으로 논의되어야 할
것이다.

• 산업안전보건법 •
°시행 2021. 1. 16. °법률 제17326호, 2020. 5. 26., 타법개정

제130조(특수건강진단 등)
① 사업주는 다음 각 호의 어느 하나에 해당하는 근로
　자의 건강관리를 위하여 건강진단(이하 "특수건강
　진단"이라 한다)을 실시하여야 한다.

• 산업안전보건법 시행규칙 •
°시행 2021. 1. 19. °고용노동부령 제308호, 2021. 1. 19., 일부개정

별표22: 특수건강진단 대상 유해인자 중
4. 야간작업(2종)
가. 6개월간 밤 12시부터 오전 5시까지의 시간을 포함
　하여 계속되는 8시간 작업을 월평균 4회 이상 수행
　하는 경우
나. 6개월간 오후 10시부터 다음날 오전 6시 사이의
　시간 중 작업을 월평균 60시간 이상 수행하는 경우

사소해 보이지만
분명 의미 있는
우리의 '휴게시간'

시험 기간이 되면 그동안 멀리했던 소설책이 재미있게 읽힌다. 일할 때는 그렇게 안 가던 시간이 휴일에는 쏜살같이 지나간다. 점심시간도 시작과 동시에 끝나는 것 같은 기분이다. 상대적으로 즐거운 일을 할 때 시간은 좀더 빠르게 흘러가는 듯하다.

그런데 만약 점심시간이 조금 더 길어진다면 어떨까? 상대적으로 즐거운 시간이 길어지니 더 좋을까?

노동자에게도, 사용자에게도 꼭 필요한 휴게시간

〈근로기준법〉은 노동시간 기준을 정하면서 사용자는 노동자에게 '휴게시간'을 부여해야 한다는 의무를 두었다. 노동자는 기계가 아닌 인간이기에 중간중간 휴식을 통해 정신적·육체적 피로를 풀어야 하기 때문이다. 사용자 입장에서도 휴게시간을 주면 노동자의 능률을 높일 수 있으며, 이는 결국 서비스의 질이나 생산성 증가로 이어질 수 있다.

일반적으로 휴게시간은 근무시간 중간에 점심시간 1시간으로 지정되어 있다. 〈근로기준법〉에서는 4시간 이상 일하는 경우 30분, 8시간 이상 일하는 경우 1시간 이상의 휴게시간을 두어야 한다고 정하고 있다. 가끔 식사를 건너뛰는 것을 제외하고 노동자가 사업장에서 8시간을 일하려면 최소 한 끼를 사업장에서 먹어야 한다. 어떻게 보면 〈근로기준법〉에서 정한 휴게시간은 노동자가 사업장에서 1일 8시간의 일을 하기 위해 꼭 필요한 시간이다.

휴게시간은 모두 유급일까?

이처럼 꼭 필요한 휴게시간에 대해 〈근로기준법〉은 유

급 혹은 무급의 기준을 부여하고 있지 않다. 결과적으로 사업장 대부분에서는 무급 형태를 취하고 있다. 일터에 있는 시간이 총 9시간이라면 그중 8시간이 노동시간으로 처리되는 식이다.

휴게시간은 사용자의 지휘·감독 아래에서 완전히 벗어나 있는 상태를 의미한다. 그런데 간혹 점심시간에 개인 업무를 보기 위해 사업장을 이탈하려 할 때 관리자의 승인을 받도록 하는 경우가 있다. 사실 이런 제재는 원칙적으로 불가하다. 또 사용자의 지휘 감독에서 완전히 벗어나야 하기 때문에 10분씩 쪼개서 휴게시간을 주는 것도 안 된다. 편의점이나 식당에서 손님이 없는 시간에 잠깐 휴대전화를 본다거나 앉아 있는 것은 휴게시간에 해당하지 않는다. 언제라도 손님이 오면 응대해야 하는 대기시간이어서다. 휴게시간이 제대로 보장되지 않았다면 그에 따른 임금이 지급되어야 한다.

아주 예외적인 경우로 8시간 교대 사업장이나 노동조합을 통해 단체협약으로 정해둔 사업장은 식사 시간이 유급인 곳도 있다. 이를테면 점심시간 1시간을 포함해 9시간을 근무한 경우라면 8시간+1시간의 수당이 지급되는 것이다.

휴게시간의 권리를 찾자!

공항에 들어오는 비행기의 기내 청소를 하는 노동자가 있었다. 비행기 운항시간표가 있더라도 공항 사정에 따라 비행기가 들고 나는 시간은 예측하지 못하게 바뀌곤 했다. 기내 청소 노동자의 업무는 비행기가 도착하기 전 활주로에 대기하고 있다가 비행기가 들어오자마자 청소를 시작해 30분 내로 마무리하는 것이다. 예측 불가능한 운항 상황 때문에 근로계약서상 1시간으로 명시된 휴게시간이 실제로는 10~15분 내외밖에 주어지지 않아 허겁지겁 밥을 먹어야 하는 일도 종종 생겼다. 이들은 노동조합을 만들고 사용자와 단체협약을 체결하면서 미사용 휴게시간을 매일 30분의 연장수당으로 갈음하는 보전수당을 신설했다. 업무 특성상 휴게시간 확보가 어려운 데 대한 보전책이었다.

반면, 휴게시간이 너무 길어서 문제인 경우도 있다. 식당이나 패스트푸드점, 카페에서 손님이 없는 시간에 2~3시간의 휴게시간을 부여하는 경우다. 이때 사전에 약정하지 않고 손님의 많고 적음에 따라 사용자가 그때그때 휴게시간을 부여하는 것은 불가능하다. 만약 약정된 휴게시간이 늘어나 임금을 낮추게 된다면 '노동조건의 불이익 변경'에 해당하기 때문에 반드시 노동자의 동의 절차가 필요하다.

휴게시간에 대한 상상

업무의 연장에서 식사도 필요한 것이기에 휴게시간은 유급이어야 한다고 생각하는 이들이 있다. 한편 무급인 휴게시간을 줄이고 차라리 일을 더해 임금으로 받는 것이 낫다고 생각하는 이들도 있다. 휴게시간이 하루를 사업장에서 보내는 노동자에게 필수불가결한 시간이라면 최소한 밥 먹는 1시간만이라도 유급으로 처리하면 어떨까? 노동자 입장에서는 충분한 휴식을 취한 뒤 기분 좋게 업무를 시작할 수 있지 않을까? 그것이 결국 사업장의 이익으로 연결되지 않을까?

• 근로기준법 •

°시행 2021. 7. 1. °법률 제15513호, 2018. 3. 20., 일부개정

제54조(휴게)

① 사용자는 근로시간이 4시간인 경우에는 30분 이상, 8시간인 경우에는 1시간 이상의 휴게시간을 근로시간 도중에 주어야 한다.

② 휴게시간은 근로자가 자유롭게 이용할 수 있다.

폭염에 대처하는
노동자의 자세

이글이글 타는 태양에 취약한 노동자들이 있다. 공항 활주로에서 일하는 지상조업 노동자, 야외에서 계속 이동하며 작업해야 하는 집배·택배 노동자, 40도가 넘는 도로 위를 달리며 현관까지 음식을 전달하는 배달 노동자, 생활 쓰레기를 24시간 소각하며 60~70도를 넘나드는 작업장에서 일하는 청소 노동자, 선풍기 몇 대에 의지해 튀김 요리와 국을 끓이며 고온에 고스란히 노출되는 조리 노동자, 그늘 한 점 없는 뙤약볕 아래에서 일하는 건설 노동자, 그 외 폭염 속에서도 옥외 작업을 해야 하는 수많은 노동자들….

무더위와 싸우는
노동자들에게 휴식을

장마가 지나고 제주에 본격적인 여름 더위가 시작됐다. 앉아 있기도 힘든 더위 속에서 몸을 움직여 일해야 하는 노동자에게는 하루하루가 고역일 것이다. 기상청은 기온이 33~35도인 상태가 2일 이상 예상되면 폭염주의보를, 35도 이상으로 예상되면 폭염경보를 발효해 온열질환에 대비하도록 하고 있다. 기후변화로 세계 곳곳에서 과거에 비해 폭염일수가 점점 증가하는 추세다. 대도시에서 주로 발생하는 열대야 현상도 매년 잦아지고 있다. 특히 제주와 같이 습도가 높은 지역은 같은 기온이더라도 몸의 열이 잘 배출되지 않아 온열질환 발생이 더 잦다.

온열질환은 열사병, 열탈진, 열경련 등인데, 흔히 어지러움, 발열, 구토를 동반한다. 그중 열사병은 고온다습한 환경에 노출될 때 체온조절에 이상이 생겨 나타난다. 기본 증상에다가 땀이 배출되지 않아 체온이 40도 이상까지도 올라가는데, 신속히 치료하지 않으면 치사율이 매우 높은 질환이다.

최근 5년간 옥외 작업을 하다가 온열질환을 겪은 노동자 통계가 꾸준히 증가하고 있다. 2018년에는 건설업과 제조업에서 두드러지게 늘었다. 건설업의 경우 작업 중 온열질환으로 사망한 노동자가 통계에 잡힌 것만 4명으로 집계되었다. 이에 고용노동부는 여름철 폭염에 대비해 6월 3일부터 9월 10일까지 '폭염 대비 노동자 건강보호 대책'을 시행하고 있다. 주요 내용은 물, 그늘, 휴식 제공이다.

옥외에서 작업하는 노동자에게 사업주는 깨끗하고 시원한 물을 제공하고 마실 수 있도록 조치할 것, 작업장과 가까운 곳에 햇볕을 가리고 바람이 통하는 쉴 공간을 마련할 것, 폭염특보가 발효되면 평상시보다 더 많은 휴식을 갖도록 하고 최소 시간당 10~15분의 휴식을 부여할 것, 무더위 시간대(14~17시)에 옥외 작업을 최소화하는 등 근무시간을 조정할 것이 그 대책이다.

옥외 작업으로 폭염에 노출되는 사람이 비단 노동자만은 아니지만 특별히 노동자에 대한 지침을 마련한 것은 출퇴근 시간과 업무 내용이 사용자로부터 정해지는 종속 관계에 놓여 있기 때문이다. 노동자들은 더위로 갈증이나 현기증이 난다고 해서 생산라인을 멈추거나 작업 속도를 늦출수 있는 위치에 있지 않다. 무리해서 일하다가 자칫 큰 사고로 이어질 수 있기에 당국이 지침의 이행 주체를 사업주로 정해놓은 것이다.

현장에서 활용 가능한
폭염 예방대책이 있을까?

지침에 따르면 폭염에 일하는 노동자가 건강상 이유로 스스로 작업을 중지하는 경우 불이익을 주지 못하게 되어 있다. 하지만 현장에서 이와 같은 지침이 제대로 이행될 리 만무하다. 현장 노동자들이 작업 중 이상 징후를 느껴 사업주에게 작업 중지를 요청하면, 사업주는 즉시 조치를 취해야 할 의무가 있지만 요연한 이야기다.

폭염에 대비한 위험 단계도 구체적으로 구분할 필요가 있다. 노동부에서는 최소 기온에 따라 '관심-경계-주의-심각'으로 나누고 있지만 각 작업장 상황에 따라 작업장 기온이 천차만별이기 때문에 기준 온도를 작업환경을 중심으로 분류해야 한다. 무엇보다 현장에서 일하는 노동자들이 작업장 상황을 체크하고 이상 징후가 발생할 경우 즉시 응급조치를 할 수 있는 폭염에 대한 감수성을 가져야 한다.

여름철 에어컨 설치 일을 하는 친구의 이야기를 들었다. 후텁지근한 집에 들어가 땀을 뻘뻘 흘리며 에어컨을 설치한 뒤 시원한 바람이 나오는 걸 확인하는 순간 그 집에서 나와야 하는 본인 직업이 참으로 아이러니하다는 말이었다.

지금 이 순간에도 누군가의 편의를 위해 더위를 감내하

며 땀을 뻘뻘 흘리고 있을 어느 노동자의 수고로움에 감사의 마음을 보낸다. 아울러 모든 노동자가 뜨거운 여름을 건강하게 그리고 '함께' 잘 이겨낼 수 있기를 희망한다.

• 산업안전보건기준에 관한 규칙 •

°시행 2021. 1. 16. °고용노동부령 제273호, 2019. 12. 26., 일부개정

제566조(휴식 등)

사업주는 근로자가 고열·한랭·다습 작업을 하거나 폭염에 직접 노출되는 옥외 장소에서 작업을 하는 경우에 적절하게 휴식하도록 하는 등 근로자 건강장해를 예방하기 위하여 필요한 조치를 하여야 한다.

°개정 2017. 12. 28.

제567조(휴게시설의 설치)

① 사업주는 근로자가 고열·한랭·다습 작업을 하는 경우에 근로자들이 휴식시간에 이용할 수 있는 휴게시설을 갖추어야 한다.

② 사업주는 근로자가 폭염에 직접 노출되는 옥외 장소에서 작업을 하는 경우 휴식시간에 이용할 수 있는 그늘진 장소를 제공하여야 한다. °신설 2017. 12. 28.

③ 사업주는 제1항에 따른 휴게시설을 설치하는 경우에 고열·한랭 또는 다습 작업과 격리된 장소에 설치하여야 한다. °개정 2017. 12. 28.

60대 청소 노동자의 죽음,
그들의 공간은
어디에도 없었다

2019년 8월 9일, 서울대학교에서 일하는 60대 청소 노동자가 휴게실에서 쉬던 중 사망했다. 처음에는 60대의 고령 노동자가 지병으로 사망했다고 발표되었으나 시간이 갈수록 다른 원인이 있다는 의견에 힘이 실렸다. 노동자가 사망한 당일은 서울 최고 기온이 34.6도까지 올라갔고, 연일 폭염이 계속되는 상황이었다. 노동자가 쉬던 휴게시설은 한 평 남짓 되는 곳을 세 명이 번갈아 사용하는 곳이었다고 한다. 더군다나 이 시설은 냉방도, 환기도 되지 않아 노동자들이 직접 환기구를 뚫고 선풍기로 버티며 휴식을 취해왔다는 것이다.

전문가들이 휴식 공간에 문제가 있었고 사망 원인과 무관하지 않다고 입을 모으자 결국 사건 발생 11일 만인 8월 20일, 고용노동부는 서울대학교 내 청소 노동자의 휴게시설 실태를 전면 조사하기로 했다. 2018년 6월 고용노동부에서 발표한 '휴게시설 운영에 대한 가이드라인'을 기준으로 위배되는 사항은 없는지 살피겠다는 것이다.

〈산업안전보건법〉은 건강하게 쉴 권리를 보장하라는 취지에서 휴게시설에 대한 의무 규정을 두고 있다. 계단 사이나 지하, 화장실 창고를 식사나 휴게 공간으로 사용하던 청소 노동자들에게는 휴게시설 확충에 대한 공감대가 오랫동안 형성되어 왔다. 고용노동부가 발표한 휴게시설 가이드라인의 주요 내용은 다음과 같다.

첫째, 휴게시설을 설치해야 하는 대상 사업장

휴게시설은 노동자의 신체적·정신적 피로를 해소하기 위한 시설이므로 모든 사업장에 설치를 원칙적으로 하되, 법상 정해져 있는 설치 의무(고열·한랭·다습 작업 사업장의 휴게시설 설치, 폭염에 노출되는 야외 작업장의 그늘 등 제공, 원청 사업장의 용역 노동자에 대한 휴게시설 장소 제공 의무)는 반드시 지켜야 한다. 환경미화 업무를 포함해 유해물질 처리 업무 등 신체와 피복이 오염될 우려가 있는 업무의 경우 우선적으로 휴게시설을 설치하게끔 되어 있다. 업무 내용과 관계없이 작업복이 심하게 젖는 사업장이나 야간 작업 노동자가 있는 사업장, 장시간 근로 및 교대 근무, 감정노동 업무(고객·환자·승객·학생·민원인 등 상대)를 하는 사업장, 백화점·면세점 등 주로 서서 일해야 하는 사업장에도 우선적으로 휴게시설 설치 의무를 명시하고 있다. 다만, 사무직으로만 구성된 사업장은 휴식하는 동안 업무로 방해받지 않을 수 있다면 사무 공간을 휴게시설로 볼 수 있다.

둘째, 휴게시설 위치

휴게시설은 노동자가 이용하기 편한 곳에 설치되어야 한다. 가이드라인에서는 작업장이 있는 건물 내에 휴게시설을 설치하되 3~5분 이내에 도착할 수 있고, 거리는 100미터를 초과하지 않도록 정했다. 병원이나 공항처럼 작업 공간이 넓을 경우에는 거점별 휴게 공간을 설치해야 한다. 또 지하는 환경이 열악하므로 가급적 지상에 설치하게끔 하고 있다. 은행, 병원, 호텔, 백화점 등 많은 사람이 이용하는 장소는 고객 휴게시설과 분리된 장소에 설치해야 한다.

셋째, 휴게시설 규모

휴게시설 규모는 1인당 1제곱미터 이상 확보하고 최소 면적은 의자와 탁자가 들어갈 수 있는 6제곱미터다. 다만, 대규모 사업장에서 일시적으로 휴식을 취하는 경우라면 동시 사용자 수를 고려해 실질적으로 휴식을 취할 수 있는 적정한 면적과 숫자를 노사간 협의를 통해 결정한다.

넷째, 휴게시설 환경 조성

쉴 여건을 마련하기 위해 계절별로 적정 온도와 습도를 유지하고 휴게시설의 쾌적한 공기 질을 확보하도록 해야 한다. 따라서 지하실, 기계실, 화장실 등 환기가 잘 되지 않는 공간은 지양해야 한다. 사업주는 환풍기, 냉장고, 사물함 등 노동자에게 필요한 비품을 제공해야 한다.

고용노동부의 가이드라인이지만 현장에서 지켜지는 경우는 찾아보기 힘들었다. 종종 현장에서 노동 상담을 하게 되면 주로 노동자들의 휴게 공간에서 진행하곤 하는데 휴게 공간 자체가 없는 일터도 있었다. 휴게 공간이 있더라도 다닥다닥 앉아야 한다든가, 규모가 큰 사업장임에도 하나의 공간을 수십 명이 함께 사용해야 하는 경우가 많았다. 예를 들어 제주공항 면세점에는 1000명이 넘는 판매직 노동자가 있지만 이들이 이용할 수 있는 휴게시설은 한 곳뿐이다.

서울대에서는 청소 노동자가 사망한 이후 학생, 교수 등 학내 구성원을 중심으로 노동환경 개선을 요구하는 서명 운동이 진행되었다. 제주도 내에도 수많은 건물에 청소 노동자, 시설관리 노동자가 있다. 이 사건을 계기로 제주도 내 여러 대학도 노동자의 휴게시설을 점검해보았으면 한다. 전망 좋은 방까지는 아니더라도 최소한의 건강을 유지·증진시킬 수 있는 공간은 마련해야 하는 것 아닐까?

도심 곳곳에 올라가고 있는 신축건물을 바라보며 생각한다. 이 공간을 어떻게 사용할지에 대한 구상에 건물에서 일하는 노동자를 위한 공간도 함께 포함되기를.

• 산업안전보건기준에 관한 규칙 •
°시행 2021. 1. 16. °고용노동부령 제273호, 2019. 12. 26., 일부개정

제79조(휴게시설)

① 사업주는 근로자들이 신체적 피로와 정신적 스트레스를 해소할 수 있도록 휴식시간에 이용할 수 있는 휴게시설을 갖추어야 한다.

② 사업주는 제1항에 따른 휴게시설을 인체에 해로운

분진 등을 발산하는 장소나 유해물질을 취급하는 장소와 격리된 곳에 설치하여야 한다. 다만, 갱내 등 작업 장소의 여건상 격리된 장소에 휴게시설을 갖출 수 없는 경우에는 그러하지 아니하다.

제79조의 2 (세척시설 등)

사업주는 근로자로 하여금 다음 각 호의 어느 하나에 해당하는 업무에 상시적으로 종사하도록 하는 경우 근로자가 접근하기 쉬운 장소에 세면·목욕시설, 탈의 및 세탁시설을 설치하고 필요한 용품과 용구를 갖추어 두어야 한다.

1. 환경미화 업무
2. 음식물쓰레기·분뇨 등 오물의 수거·처리 업무
3. 폐기물·재활용품의 선별·처리 업무
4. 그 밖에 미생물로 인하여 신체 또는 피복이 오염될 우려가 있는 업무

° 본조 신설 2012. 3. 5.

명절에 일하는
노동자에게도 휴식권을!

서비스업에 종사하는 노동자에게 명절은 그 어느 때보다 강도 높은 노동이 계속되는 날이다. 코로나 여파로 내륙 어느 마을에는 "불효자는 '옵'니다"라는 현수막까지 걸렸다지만, 긴 연휴를 맞아 제주도에는 30만 명의 관광객이 몰릴 것이라는 뉴스가 들려왔다. 누군가의 휴식은 누군가의 노동으로 채워질 수밖에 없기에 이 뉴스가 걱정으로 변했다.

어릴 적 명절을 맞아 큰집에 가면 큰아버지와 첫째 사촌 언니가 번갈아가며 집에 없었던 기억이 있다. 당시 큰아버지는 주야 맞교대 아파트 경비 업무를 했고, 사촌 언니는 간호사였다. 큰아버지는 명절 연휴 중 반드시 하루는 근무해야 했고, 사촌 언니는 아직 결혼하지 않았다는 이유로 연휴 내내 근무를 서야 했다. 어린 나이에는 가족과 함께할 수 없는 게 이례적인 경우라고 생각했지만, 고등학교를 졸업하고 나서는 명절 단기 알바를 구하는 자신을 발견하기도 했다.

"더도 말고 덜도 말고 한가위만 같아라."

민족 고유의 명절이라는 한가위를 이야기할 때 자주 사용하는 말이다. 햇곡식과 햇과일을 수확하며 한해 농사의 결실을 맺고 먹거리를 나누며 서로를 격려하고 풍년을 기원하는 의미다. 농경사회에서 시작된 한가위는 현대사회에서 어떤 의미를 가질까?

명절을 통해 보장받는
사흘의 연휴

〈근로기준법〉은 달력상 빨간날인 공휴일을 유급 휴일로 보장하고 있다. 공휴일 중 휴일이 연달아 있는 '연휴'는 현행법상 설날과 추석뿐이다.

입사 연도에 따라 주어지는 연차휴가를 붙여 사용하면 '연휴'가 만들어지긴 하겠지만 하루 연차를 사용하는 것도 만만치 않은 게 현실이다. 연차휴가는 사유와 관계없이 노동자가 사용자에게 시기를 정해 통보하면 되는 것이 원칙인데도 말이다. 명절 연휴는 지친 몸에 휴식을 부여하고 재충전할 합법적 시간이기도 하다. 바쁜 일상에서 만나지 못했던 사람을 만나면서 몸과 마음에 쉼을 주는 게 현재적 의미의 명절 아닐까? 어떻게 보면 노동자 대부분에게는 〈근로기준법〉을 통해 명절 기간 사흘의 휴식권이 주어지는 셈이다. 하지만 그 휴식권을 받지 못하는 이들도 있다. 명절에 일하는 노동자들이다. 불가피하게 명절에 일해야 하는 노동자에게는 기간을 조정해서라도 휴식권을 보장하면 어떨까?

누군가의 휴식은 누군가의 노동으로 채워진다. 명절 동안 잘 먹고 잘 쉬며 충분히 휴식했다면, 누군가의 노동이 바탕이 되었을 것이다. 그 노동을 잠시라도 생각해보았으면 좋겠다. 모두에게 명절 휴식권을 보장하기 위해 명절 차림을 간소화하면 어떨까?

• 근로기준법 •

°시행 2021. 7. 1. °법률 제15513호, 2018. 3. 20., 일부개정

제55조(휴일)

① 사용자는 근로자에게 1주에 평균 1회 이상의 유급 휴일을 보장하여야 한다. °개정 2018. 3. 20.

② 사용자는 근로자에게 대통령령으로 정하는 휴일을 유급으로 보장하여야 한다. 다만, 근로자 대표와 서면으로 합의한 경우 특정한 근로일로 대체할 수 있다. °신설 2018. 3. 20.

• 관공서의 공휴일에 관한 규정 •

°시행 2017. 10. 17. °대통령령 제28394호, 2017. 10. 17., 일부개정

제2조(공휴일)

관공서의 공휴일은 다음 각 호와 같다. 다만, 재외공관의 공휴일은 우리나라의 국경일 중 공휴일과 주재국의 공휴일로 한다.

°개정 1998. 12. 18., 2005. 6. 30., 2006. 9. 6., 2012. 12. 28., 2017. 10. 17.

1. 일요일

2. 국경일 중 3·1절, 광복절, 개천절 및 한글날

3. 1월 1일

4. 설날 전날, 설날, 설날 다음 날(음력 12월 말일, 1월 1일, 2일)

5. 삭제 °2005. 6. 30.

6. 부처님오신날(음력 4월 8일)

7. 5월 5일(어린이날)

8. 6월 6일(현충일)

9. 추석 전날, 추석, 추석 다음 날(음력 8월 14일, 15일,

16일)

10. 12월 25일(기독탄신일)

10의 2. 〈공직선거법〉 제34조에 따른 임기 만료에
의한 선거의 선거일

11. 기타 정부에서 수시 지정하는 날

제3조(대체공휴일)

① 제2조 제4호 또는 제9호에 따른 공휴일이 다른 공
휴일과 겹칠 경우 제2조 제4호 또는 제9호에 따른
공휴일 다음의 첫 번째 비공휴일을 공휴일로 한다.

② 제2조 제7호에 따른 공휴일이 토요일이나 다른 공
휴일과 겹칠 경우 제2조 제7호에 따른 공휴일 다음
의 첫 번째 비공휴일을 공휴일로 한다.

°본조 신설 2013. 11. 5.

코로나19 필수노동자를
보호하라!

코로나19가 시작된 지 이제 2년이 되어가고 있다. 주변 누군가가 밀접 접촉으로 격리되었다는 이야기를 들어도 이젠 놀라지도 않는다. 어쩌면 시간이 지나면서 코로나19 속에서 잘 '살고' 있는 듯도 하다. 하지만 제주 지역에서 사라진 1만 개 일자리에서 일했던 노동자들의 거취는 확인되고 있지 않고, 정부의 고용유지지원금이 없으면 생계를 유지하기 힘든 노동자들의 삶은 계속되고 있다. 어딘가에서 어떻게든 살아내고 있을 그들의 어깨를 다독여주고 싶다.

코로나19가 장기화하면서 '필수노동자'라는 개념이 새

롭게 부상됐다. 필수노동자란 전염병 등 재난 상황에서도 직접 대면 업무를 해야 하는 위치의 노동자를 말한다. 예컨대 의료, 돌봄, 배달 업무에 종사하는 이들이다.

필수노동자 범위를
어떻게 볼 것인가

제주도에서는 2020년 12월 〈필수노동자 보호 및 지원에 관한 조례〉가 제정됐다. 도 조례에서 규정하는 필수노동자는 '재난이 발생한 경우에도 도민의 생명과 신체의 보호, 사회의 기능을 유지하기 위해 지속될 필요가 있는 업종'을 말한다. 현재는 도내 필수노동자의 실태 조사와 함께 구체적 범위를 결정하고 있는 단계다.

2020년 12월 정부에서 발표한 '코로나19 대응을 위한 필수노동자 보호·지원 대책'에 따르면 필수 업무의 정의를 '재난이 발생한 경우에도 국민의 생명과 신체의 보호, 사회의 기능을 유지하기 위해 지속될 필요가 있는 업무'로 규정하고 있다. 구체적으로는 코로나 상황에서 생명·신체의 보호와 직결되는 보건·의료, 돌봄서비스, 비대면 사회의 안정적 유지를 위한 택배·배송, 환경미화, 콜센터 업무 등이다. 또 산업 전반에 큰 영향을 미치는 여객 운송도 포함한다.

사실 재난 상황이 아니더라도 이들 노동자는 필수적이다. 그런 점에서 필수노동자라는 개념을 따로 정해두는 것에 애매함이 없진 않지만, 그럼에도 감염 및 산업재해 위험에 노출되어 있고, 과로와 저임금 등 취약한 근무 여건에 놓여 있어 지원이 필요한 경우를 특별히 구분하는 것도 의미가 있다고 생각한다. 코로나 상황에서 대표 필수 노동으로 대두되는 택배·배달 및 돌봄 노동자 상당수는 전형적인 근로계약이 아닌 특수고용 관계거나 프리랜서여서 기존 노동관계법 적용을 벗어나는 경우가 많다. 이런 상황이 필수노동자를 별도로 구분하게 된 배경이기도 할 것이다.

필수노동자의
권리를 보장하자

　　정부는 필수노동자의 중요성을 강조하며 이들이 중단 없이 업무를 수행할 수 있도록 지원하겠다는 입장이다. 이를 위해 해당 노동자 직종에 대한 위생시설 확충, 과로·근골격계질환에 대한 심층 진단 등 건강관리 체계를 강화하겠다고 한다. 또 필수업무 수요가 증가함에 따른 인력 확충 방안도 마련하겠다고 밝혔다. 방과후학교 강사, 재가 돌봄 종사자 등 코로나로 소득이 급감한 이들에게 작지만 생계 지원

대책을 마련해 진행하고 있기도 하다. 정부에서 제시하는 다양한 방안을 보면 그간 노동관계법 적용을 받지 못한 필수노동자의 노동시간 제한과 안전보건 분야 강화를 법제화하는 것이 더욱 필요해 보인다.

바라기는 필수노동자에 대한 논의를 넘어 이 사회에 반드시 필요한 노동자의 노동 가치에 대해서도 논의될 수 있었으면 좋겠다.

• 제주특별자치도 필수노동자 보호 및 지원 조례 •
°시행 2020.12.31. °제주특별자치도조례 제2711호, 2020.12.31., 제정

제1조(목적)
이 조례는 각종 재난 발생 시 위험에 노출된 채 대면 업무를 수행하는 필수 업종에 종사하는 노동자들이 안전하고 안정적으로 근무할 수 있도록 보호하고 지원함으로써 이들이 존중받는 사회적 분위기를 조성하고 도민 생활의 안정과 재난 극복에 이바지함을 목적으로 한다.

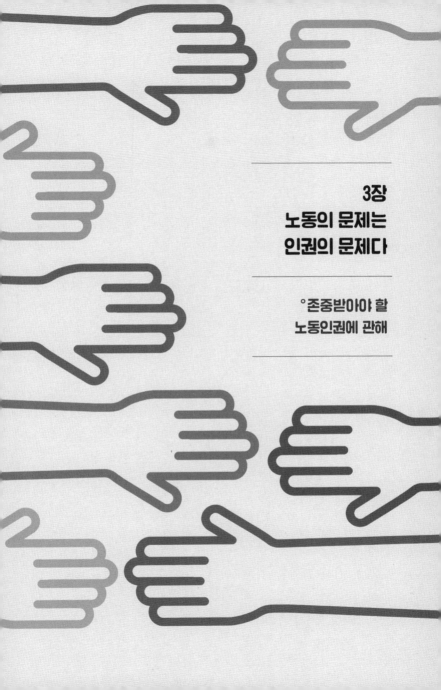

3장
노동의 문제는
인권의 문제다

°존중받아야 할
노동인권에 관해

'생활의 달인' 속 산업재해,
우리는 알고 있을까?

"여러분, 올해 최저임금은 얼마인가요?"

"1시간에 8350원이요!"(질문했던 2019년 기준. 2021년 현재
는 8720원이다)

고등학생을 대상으로 하는 청소년노동인권교육에서 가
장 먼저 묻는 질문이다. 아르바이트를 하는 고등학생들은
최저임금 정도는 대부분 알고 있다. 최저임금은 물론이거니
와 근로계약서 작성법과 작성하지 않을 경우 본인에게 미칠
피해 그리고 사장에게 과태료 등의 행정처분이 내려질 수
있다는 사실까지도 자세히 알고 있다.

교육이 끝나면 아르바이트 경험이 있는 학생들의 질문이 쏟아진다. 질문은 매우 구체적이고 현실적이다. 자기 경험에 비추어 수당을 계산해보고 부당한 처우를 받은 것 같으면 상담을 요청한다. 사장의 폭언과 성희롱 경험을 털어놓으면서 이럴 때는 어떻게 해야 하는지 묻기도 한다. 그러나 실제로 이런 일들이 사건화되어 문제가 해결되는 경우는 극히 드물다. 생애 첫 노동의 경험은 그렇게 시작된다.

초보 노동자로서 사회에 첫발을 내딛는 이들에게 누군가는 "세상 살기가 녹록하지 않아" "힘들지? 그렇게 시작하는 거야" "그 정도도 못 참으면 일할 데가 없어" 같은 이야기를 예사롭지 않게 건네곤 한다. 노동자로서 처음 겪는 직장생활은 분명 녹록지 않을 것이다. 하지만 힘겹게 시작한 직장생활이 웬일인지 나아지지 않는 경우가 너무 많지 않은가? 오히려 점점 더 힘들어지는 상황을 자주 겪는다. 처음부터 인내하며 시작한 직장생활인데 마지막까지도 계속 참아야 한다고 강요한다.

노동자들은 언제쯤 워라밸 있는 삶을 누릴 수 있을까

〈생활의 달인〉이라는 꽤 오래된 텔레비전 프로그램이

있다. 여러 분야의 달인이 출연하는데, 대부분 제조업에서 상당한 경력을 쌓아 경지에 이른 노동자들이다. 같은 업무를 반복하는 이들은 초인적 능력을 보여준다. 반복 작업 때문에 대다수 달인의 손은 굳은살을 넘어 손가락이 휘어 있는 경우도 있다. 그렇지만 달인도, 방송국 관계자도, 시청자도 그것이 산업재해라는 사실을 명확하게 인지하지는 않는다. 만약 프로그램이 노동인권에 좀더 민감했다면, 시청자들의 항의가 있었다면, 달인의 치료 과정이나 달인의 작업환경 개선을 위한 컨설팅으로 꾸며졌을까?

노동자는 하루 대부분을 일터에서 보낸다. 일터가 곧 노동자의 삶이기에 그곳 인권은 노동자의 인권으로 연결된다. 일터에서 사용자와 노동자는 생산성과 효율성을 고민하기에 앞서 노동인권의 증진을 고민해야 한다. 한국은 주 52시간제를 도입한 나라다. 그렇다면 이제 노동자들에게 워라밸이 가능해진 걸까? 계산기를 두드리기도 전에 국회는 노동자의 노동시간을 고무줄처럼 탄력적으로 결정할 수 있는 권한을 사용자에게 주려 했다. 이 상황에서 일과 삶의 균형을 노동자 스스로 결정할 수 있을까? 노동자들은 언제쯤 워라밸 있는 삶을 누릴 수 있을까? "나는 하루에 몇 시간 일하고 싶은가?"라고 생각할 겨를도 없이 하루는 지나간다.

노동인권에 조금 더
민감해지면 어떨까?

매일 반복되는 노동 과정에서는 많은 일이 일어난다. 때로는 인권침해가 발생하기도 한다. 인권침해는 일터 곳곳에 숨어 있다. 임금이 몇 달째 체불되었다, 육아휴직을 썼다가 나도 모르는 사이 퇴사 처리가 되었다, 민원인을 상대하다가 폭언을 들었다, 직장 내 괴롭힘으로 왕따를 당했다, 성과가 부실하다는 이유로 모든 직원 앞에서 상사에게 모욕을 당했다, 일하다가 다쳤다, 매일 마주치는 직원에게 성희롱을 당했다, 기간제 노동자는 구내식당을 이용하지 못하게한다….

최근 서울시는 조례·규칙에서 사용되는 '근로'라는 용어를 '노동'으로 바꾸는 조례를 통과시켰다. 사용자 중심의 '근로'가 아닌 행위 주체인 노동자를 강조하자는 취지다. 단어 하나 바꾸었다고 노동자의 인권침해가 줄어들지는 않겠지만, 노동을 바라보면서 노동자를 강조한다고 하니 반가운 변화임은 확실하다.

임금 수준이 낮고 비정규직으로 일하는 노동자들, 이제 우리 노동인권에 대해 조금 더 민감해지면 어떨까?

• 대한민국헌법 •

°시행 1988. 2. 25. °헌법 제10호, 1987. 10. 29., 전부개정

제32조

① 모든 국민은 근로의 권리를 가진다. 국가는 사회적
·경제적 방법으로 근로자의 고용의 증진과 적정임
금의 보장에 노력하여야 하며, 법률이 정하는 바에
의하여 최저임금제를 시행하여야 한다.

② 모든 국민은 근로의 의무를 진다. 국가는 근로의
의무의 내용과 조건을 민주주의 원칙에 따라 법률
로 정한다.

③ 근로조건의 기준은 인간의 존엄성을 보장하도록
법률로 정한다.

④ 여자의 근로는 특별한 보호를 받으며, 고용·임금 및
근로조건에 있어서 부당한 차별을 받지 아니한다.

⑤ 연소자의 근로는 특별한 보호를 받는다.

⑥ 국가유공자·상이군경 및 전몰군경의 유가족은 법
률이 정하는 바에 의하여 우선적으로 근로의 기회
를 부여받는다.

3장 노동의 문제는 인권의 문제다 99

임금 체불 없는
노동환경은
불가능한 걸까

근로계약은 노동자는 노동력을 제공하고 사용자는 그에 따른 임금을 지급한다는 내용을 담고 있다. 곧 쌍방이 대가적으로 의무를 지는 계약(쌍무계약)인 것이다. 만일 노동자가 결근이나 지각으로 노동력을 제공하지 못한다면 사용자에게는 임금 지급 의무가 면제된다. 그렇다면 노동자는 이미 노동력을 제공했는데 그에 따른 임금을 받지 못했다면 사용자에게 어떤 법적 효력이 발생할까?

임금 체불은 범죄일까?

노동자가 정해진 날짜에 임금을 받지 못한 경우를 흔히 '임금 체불'이라 한다. 퇴직한 노동자가 퇴직금(퇴직급여)이나 연차수당 등의 금품을 지급받지 못한 때에도 마찬가지다. 또 사용자가 노동자에게 최저임금보다 낮은 급여를 주었거나, 연장·휴일·야간 근무에 대한 수당을 건네지 않았거나, 휴업수당을 지급하지 않은 경우에도 임금 체불에 해당한다. 임금 체불을 하면 〈근로기준법〉에 따라 사용자는 3년 이하의 징역 또는 3000만 원 이하의 벌금에 처해진다. 곧 임금 체불은 형사적 처벌이 따르는 범죄인 것이다.

임금은 노동자가 근로계약을 체결하는 주된 목적이고, 가족이 생계를 유지할 수단이 된다. 임금은 재산권 보호 대상이기도 하지만, 동시에 생존권과 연결된 기본권 성격을 갖기 때문에 임금을 받지 못하면 해당 노동자와 가족의 삶은 위협받을 수 있다. 임금 체불을 범죄로 규정하고 다른 재산권보다 우선해 법적으로 보호하는 이유다.

반복되는 임금 체불

해마다 설이나 추석 명절이 되면 임금 체불 이슈가 떠오른다. 제주도는 2020년 한 해 동안 1300여 개 사업장에서

3000여 노동자에게 162억 원가량의 임금이 체불되었다고 발표했다. 설 명절을 앞두고 건설업 등 관련 업계와 노동부가 연계해 명절 이전에 체불 임금을 지급할 수 있도록 하겠다는 계획도 함께 밝혔다.

임금이 체불되면 노동자는 고용노동부에 진정이나 고소를 접수할 수 있다. 하지만 사용자를 상대로 법적 절차를 밟는 것이 쉬운 일은 아니다. 상담소를 찾은 이들에게 관련 절차를 안내해도 망설이는 사람이 많다. 이런 경우 체불 내용을 내용증명 우편으로 발송해 사용자에게 최후 통첩함으로써 압박을 가해 금원을 지급받는 것도 하나의 방법이다. 이처럼 체불이 발생한 이후 당사자 간 협의로 문제를 해결하거나 아예 법적 절차를 포기한 사례는 고용노동부의 임금 체불 통계에 잡히지 않는다.

노동자의 임금채권을 보호하기 위해 형사처벌까지 하고 있는데도 임금 체불 문제가 계속 발생하는 이유는 무엇일까? 노동부에 임금 체불을 신고(진정)하면 30일 이내에 처리하도록 되어 있다. 체불 사실이 신고되면 사법 경찰관인 근로감독관이 조사를 진행하고 노동청에서 사용자에게 체불된 임금을 지급할 것을 지시(권고)하는 절차다. 하지만 실제로 진정이 제기되면 최소 2개월, 길게는 6개월 이상의 기간이 소요된다. 이는 사용자가 노동청의 지급 지시에 따라 체불 임금을 지급하는 경우고, 체불임금확인원을 받아 별도의 민사소송을 제기해야 하는 경우에는 기약이 없다. 체불 임금확인원이 있다면 법률구조공단에서 무료 지원을 하지만 소송 과정에 오랜 시간이 소요되는 탓이다. 체불 임금 지급을 거부한 사업주는 검찰에 송치되어 처벌을 받는데 임금 체불액의 10~20퍼센트 정도의 벌금에 불과하다.

임금 체불의 구제 절차에 걸리는 시간이 길다 보니 조사 과정에서 근로감독관이 합의를 제안하기도 한다. 이때 노동자는 울며겨자먹기식으로 실제 체불 임금액보다 훨씬 낮은 수준에서 합의하는 일도 발생한다. 이를 악용하는 사업주는 상습적으로 임금을 체불하곤 한다. 조사 과정에서 합의하면 '내사종결' 처리가 되어 사업주는 상습적으로 임금을 체불해도 처벌받지 않는다. 고용노동부는 이에 대응하기 위해 상습 임금 체불 사업주 명단을 정기적으로 공개하고 있지만 역부족이다. 체불 사업주 명단 공개 기준은 3년간 법원으로부터 2회 이상 유죄가 확정될 것을 전제로 하고 있기 때문이다. 또 임금 체불에 대한 범죄는 '반의사 불벌죄'에 해당한다. 피해자가 가해자의 처벌을 원하지 않으면 형사처벌을 할 수 없다. 노동법 위반 행위 중에서 임금 체불만 유일하게 반의사 불벌죄에 해당한다. 이 때문에 실제 임금 체불이 발생하더라도 손쉽게 면책되는 것이다.

임금 지급을 우선순위에 두자

대법원은 사용자가 임금 지급을 위해 최대한의 노력을 다했다는 사실이 인정되면 무죄를 판결한 바 있다(범죄가 성립되지 않는다는 것이지 임금을 지급하지 않아도 된다는 의미는 아니다). 사업체 대부분은 임금을 정상적으로 지급하기 위해 각고의 노력을 기울이고 있겠지만, 여러 채무를 이행하는 과정에서 임금을 후순위로 두는 경향이 있다. 임금 지급을 우선순위에 두는 사회적 공감대가 형성되고 그에 따른 제도적 보완책이 마련되기를 촉구한다.

• 근로기준법 •

°시행 2021. 7. 1. °법률 제15513호, 2018. 3. 20., 일부개정

제43조(임금 지급)

① 임금은 통화通貨로 직접 근로자에게 그 전액을 지급하여야 한다. 다만, 법령 또는 단체협약에 특별한 규정이 있는 경우에는 임금의 일부를 공제하거나 통화 이외의 것으로 지급할 수 있다.

---

② 임금은 매월 1회 이상 일정한 날짜를 정하여 지급하여야 한다. 다만, 임시로 지급하는 임금, 수당, 그밖에 이에 준하는 것 또는 대통령령으로 정하는 임금에 대하여는 그러하지 아니하다.

제43조의 2(체불 사업주 명단 공개)

① 고용노동부 장관은 제36조, 제43조, 제56조에 따른임금, 보상금, 수당, 그 밖의 모든 금품(이하 "임금 등"이라 한다)을 지급하지 아니한 사업주(법인인 경우에는 그 대표자를 포함한다. 이하 "체불 사업주"라 한다)가 명단 공개 기준일 이전 3년 이내 임금 등을 체불하여 2회 이상 유죄가 확정된 자로서 명단 공개 기준일 이전 1년 이내 임금 등의 체불 총액이 3천만 원이상인 경우에는 그 인적사항 등을 공개할 수 있다.다만, 체불 사업주의 사망·폐업으로 명단 공개의 실효성이 없는 경우 등 대통령령으로 정하는 사유가있는 경우에는 그러하지 아니하다.°개정 2020. 5. 26.

제109조(벌칙)

① 제36조, 제43조, 제44조, 제44조의 2, 제46조, 제51조의 3, 제52조 제2항 제2호, 제56조, 제65조, 제72조 또는 제76조의 3 제6항을 위반한 자는 3년 이하의 징역 또는 3천만 원 이하의 벌금에 처한다.

°개정 2007. 7. 27., 2017. 11. 28., 2019. 1. 15., 2021. 1. 15.

② 제36조, 제43조, 제44조, 제44조의 2, 제46조, 제51
조의 3, 제52조 제2항 제2호 또는 제56조를 위반한
자에 대하여는 피해자의 명시적인 의사와 다르게 공
소를 제기할 수 없다.°개정 2007. 7. 27., 2021. 1. 15.

내로라하는 유명 맛집,
그 씁쓸한 이면은

우리는 매일 다양한 직종의 노동자를 만난다. 점심시간에 무얼 먹을지 고민하며 찾은 식당에서도 마찬가지다. 텔레비전 맛집 프로그램에 소개돼 점심시간이면 항상 줄을 서야 먹을 수 있는 식당이 있다. 같은 종류의 음식을 파는 다른 식당보다 반찬을 하나라도 더 챙겨주려는 사장님의 마음이 훈훈하게 느껴지고, 먹고 나면 저녁까지 배가 든든한 식당이었다. 지금도 누구나 이름만 대면 아는 이 식당 이야기를 해보려 한다.

식당은 사장님과 50~60대 여성 노동자 세 명이 일하는 소규모였다. 식당을 이용하면서 느꼈던 직원들의 팀워크는 흡사 일요일 아침의 텔레비전 프로그램 〈드림팀〉을 보는 것 같았다. 조리부와 서빙부가 환상의 짝을 이뤘고, 밀려오는 주문에도 당황하지 않고 활기차게 응대했다. 나중에 안 사실이지만 여성 노동자들의 평균 근속연수는 10년을 훌쩍 넘었고, 이들은 한 달에 이틀을 제외하고 매일 출근했다. 식당의 역사가 곧 본인들 삶이었던 것이다.

문제는 식당이 리모델링 공사에 들어가면서부터였다. 노동자들은 실로 오랜만에 자의 반 타의 반 휴식을 취하게 되었다. 하지만 잠깐 쉬면 될 줄 알았던 휴업 기간이 예측하지 못할 정도로 길어지면서 생계 문제가 다가왔다. 휴업수당도 나오지 않는 터라 여성 노동자들은 이직을 결심할 수밖에 없었다. 퇴직 의사를 밝히고 퇴직금을 지급해달라고 요구하자 사장은 차일피일 미루더니 "퇴직금이라 생각하고 받아달라"면서 현금 100만 원을 던져줬다.

정당한 노동력에 정당한 대가를

〈근로기준법〉에 따르면 노동자를 고용한 모든 사용자는 퇴직금을 지급할 의무가 있다. 고용 형태와 관계없이 노동자가 한 사업장에 1년 이상 근무했다면 퇴직금이 발생한다. 대략적인 금액은 근속연수 1년당 한 달 치 급여 정도다. 과거에는 5인 이상 사업장에만 퇴직금제도가 적용되었으나 2010년부터는 1인 이상 모든 사업장에도 확대 적용되고 있다. 그럼에도 온갖 이유를 대며 퇴직금 지급을 미루거나 거부하는 사용자들을 지금도 종종 마주한다. 퇴직금 역시 임금 체불이라는 '법 위반'에 해당하기에 노동자는 고용 관서를 통해 진정이나 고소 같은 구제 절차를 밟을 수 있고, 사업주는 당연히 처벌을 받는다.

식당 노동자들과 상담을 이어가면서 사업주의 위법 사항을 추가로 발견했다. 당시 기준으로 최저임금은 월 120만 원이 넘었지만 노동자들이 받은 급여는 겨우 100만 원이었다. 한 달에 이틀을 제외하고 모두 나와 일했는데도 말이다. 표면적으로 근로계약은 노동자가 사업 또는 사업장에서 근로를 제공하고, 사용자는 그 대가로 임금을 지급하는 내용의 계약이다. 만약 사용자가 근로를 제공한 만큼의 임금을 지급하지 않았다면 관련 절차를 통해 대가만큼 지급받으면 될 일이고, 노동자가 근로를 제공하지 않았다면 사용자는 그에 해당하는 임금을 지급하지 않으면 된다. 그러나 현실에서 발생하는 상황은 말처럼 쉽지 않다.

퇴직금 체불액만이 아니라 최저임금을 지급하지 않은 것, 주말 근무에 대한 수당을 지급하지 않는 것까지 모두 받아야 한다는 이야기를 건네자 노동자들의 미간 주름은 더욱 깊어졌고 눈동자는 흔들렸다. 열심히 일한 죄밖에 없는 사업장에서 부당한 일을 당했고, 예상보다 훨씬 많은 피해액이 있다는 사실을 확인했기 때문이리라. 어쩌면 모든 열정을 쏟아부으며 10년 넘게 일했던 스스로에 대한 당혹감과 위로의 눈빛일지도.

노동자들이 오랫동안 일했던 직장은 노동력에 대한 정당한 대가보다 건물 리모델링을 우선순위에 두었다. 정신없는 식당에 활기를 불어넣었던 노동자들의 열정을 직접 눈으로 보았기에, 마냥 친절하고 좋은 분이라고 여기던 사장님의 이면을 경험했기에 안타까움의 여운이 마음속 깊이 생생히 남고 말았다.

인격과 분류될 수 없는 노동의 특성은 근대 자본주의가 발달하면서 노동법을 등장시켰다. 노동법은 계약적 관점에서의 노동에 비상품적 가치(인격)를 재등장시키는 제도적 의미를 가진다

― 알랭쉬피오,《노동법 비판》

노동의 문제는 노동자의 인격과 연관된다. 사람이 하는 일이기 때문이다. 노동자가 자기 인격이 침해당했을 때 느끼는 당혹감과 허탈감은 무엇과도 바꿀 수 없는 상실감을 불러오기도 한다. 이런 종류의 상실감은 떼인 임금을 받았다고 해서, 회사에 복직한다고 해서 잊히는 성질의 것이 아니다. 그런 점에서 노동법은 노동인권 존중을 위한 가장 기본이 되는 장치다.

• 근로자퇴직급여 보장법 •

°시행 2020. 5. 26. °법률 제17326호, 2020. 5. 26., 타법개정

제4조(퇴직급여제도의 설정)

① 사용자는 퇴직하는 근로자에게 급여를 지급하기 위하여 퇴직급여제도 중 하나 이상의 제도를 설정하여야 한다. 다만, 계속근로기간이 1년 미만인 근로자, 4주간을 평균하여 1주간의 소정근로시간이 15시간 미만인 근로자에 대하여는 그러하지 아니하다.

제5조(새로 성립된 사업의 퇴직급여제도)

법률 제10967호 근로자퇴직급여 보장법 전부개정법률 시행일 이후 새로 성립(합병·분할된 경우는 제외한다)된 사업의 사용자는 근로자 대표의 의견을 들어

사업의 성립 후 1년 이내에 확정급여형퇴직연금제도나 확정기여형퇴직연금제도를 설정하여야 한다.

제8조(퇴직금제도의 설정 등)

① 퇴직금제도를 설정하려는 사용자는 계속근로기간 1년에 대하여 30일분 이상의 평균임금을 퇴직금으로 퇴직 근로자에게 지급할 수 있는 제도를 설정하여야 한다.

② 제1항에도 불구하고 사용자는 주택 구입 등 대통령령으로 정하는 사유로 근로자가 요구하는 경우에는 근로자가 퇴직하기 전에 해당 근로자의 계속근로기간에 대한 퇴직금을 미리 정산하여 지급할 수 있다. 이 경우 미리 정산하여 지급한 후의 퇴직금 산정을 위한 계속근로기간은 정산 시점부터 새로 계산한다.

'인사'라는 이름의
괴롭힘

코로나19가 유행하기 전 제주도 면세점에서 근무했던 한 노동자가 있었다. 2년차가 되었을 무렵 입사 후 계속 고민했던 사업장 내 관행에 대해 문제 제기를 했다. 자기 생각을 동료들과 나누면서 현명하게 풀고 싶었기 때문이다. 하지만 그때부터 중간관리자의 갑질이 시작되었다. 갑질의 끝은 부당한 관행에 이의를 제기한 노동자를 서울 명동에 있는 면세점으로 전보 발령을 낸 것이었다. 부당하다고 생각했지만 일단 서울로 이동해 근무를 시작했다. 돌봄이 필요한 초등학교 자녀와 노모가 마음에 걸렸다. 겨우 마음을 다

잡고 서울로 출근하고 보니 전혀 새로운 환경에서 신규 근로계약을 체결해야 하는 상황이었다. 이미 지칠대로 지친 당사자는 더이상 문제 제기를 하지 못하고 퇴사를 선택했다. 스스로 그만두게 하는 것이 사측이 원하는 바라는 걸 알았지만 버티기가 힘들었다.

최근 모 지역 농협에서는 노동조합을 결성했다는 이유로 당사자의 동의 절차 없이 다른 지역 농협으로 조합원을 전보시켰다. 이 일은 곧 이슈가 되었고, 제주지방노동위원회에서는 이 사건에 대해 노동조합 활동을 이유로 불이익을 준 부당 전보였다고 결론 내렸다. 부당함은 인정받았지만 근로계약 단절 등으로 개인이 감내해야 할 고통은 남아 있었고, 결국 중앙노동위원회에 재심을 제기했다.

호텔, 리조트, 병원 등의 미화나 경비 업무에 노동자를 파견하는 전국 단위 용역업체들이 제주에도 진출해 있다. 해당 고용 형태로 종사하는 노동자에게 종종 제보되는 사례인데, 현장에서 인사이동이 노동자를 통제하는 수단으로 활용된다는 것이다. 예컨대 부당한 업무 지시에 항의하는 목소리를 내거나 중간관리자의 눈 밖에 나면 "다른 지역에 가서 일하고 싶어요?"라는 말을 듣기 일쑤라는 것이다. 기가 찰 노릇이다. 실제로 육지의 다른 지역 건물을 관리하라고 발령을 내기도 한다. 소속업체만 바뀌었을 뿐 같은 사업장에서 10~20년을 일해 온 노동자를 다른 지역으로 발령낸다는 것은 인사권으로 포장된 해고 통보나 마찬가지다.

인사人事는
만사萬事라는데

"인사가 만사"라는 말이 있다. 좋은 인재를 적재적소에 배치하는 것이 무척 중요한 일임을 강조하는 말이다. 사용자가 조직의 효율성을 높이기 위해 노동자를 적재적소에 배치할 권한을 이른바 '인사권'이라고 한다. 노동자는 인사 결과에 따라 자기 거취가 결정되기 때문에 인사 행위에 매우 민감할 수밖에 없다. 인사권에 합리적 기준이 없다면 개인을 넘어 조직으로서도 좋지 않은 결과를 초래할 것이다.

인사권의 객관성이 결여되는 것을 방지하기 위해 인사위원회를 별도로 구성해 다양한 의견을 청취한 뒤 결정하는 경우도 있다. 현재 법원은 원칙적으로 인사권은 사용자가 행사 가능한 권한이라고 보고 있다. 업무상 필요한 범위 내에서는 사용자의 재량권을 상당 부분 인정하는 것이다. 그렇다면 앞의 사례들도 사용자의 재량으로 볼 수 있을까?

인사권을 악용한
인권침해는 안 돼

〈근로기준법〉은 "사용자는 정당한 이유 없이 근로자에게 해고, 휴직, 정직, 전직, 감봉, 그 밖의 징벌을 하지 못한다"라고 규정하고 있다. 만일 사용자가 인사권을 남용해 노동자의 인격을 침해한다면 위 규정을 근거로 부당함을 제기해 구제받을 수 있다. 사용자의 재량을 넘어선 인사권 행사는 타인의 인권을 침해하는 결과를 초래하기에 제한을 두는 것이다.

근무 장소를 변경해 전보 발령을 내는 경우 그 인사권이 정당했는지 여부는 다음 기준에 따른다.

첫째, 사용자가 인사권을 행사해야 할 '업무상의 필요성'이 있었는지 여부다. 전보할 객관적 사유가 있는지, 대상 노동자를 결정하는 선정 기준이 합리적이었는지, 기업 운영에 합리성·효율성이 있는지 등을 종합적으로 살피는 것이다. 만일 업무상 필요성이 없는데도 노동자를 통제할 목적으로 전보를 행했다면 무효가 된다.

둘째, 업무상 필요성이 있더라도 전보를 통해 발생한 노동자 개인의 '생활상 불이익'이 어느 정도인지를 중요하게 본다. 생활상 불이익은 전보로 발생한 일체의 불이익을 의미한다. 예컨대 전보로 임금이나 수당이 삭감되지는 않았는지, 전보를 이행하기 위해 거주지를 이전하면서 발생하는 부담이 있지는 않은지, 가족이 모두 거주지를 이전하기 힘든 조건에서 발생하는 개인적 어려움은 없는지 등이 모두 생활상 불이익에 해당한다.

사용자가 행한 인사권에 비해 노동자 개인이 감내해야 할 불이익이 상대적으로 크다면 부당 전보가 되는 것이다. 하지만 불이익이 크다고 해서 모두 부당 전보에 해당하는 것은 아니다. 개별 사안에 따라 사업 운영상 필요성이 큰 상황이라면 노동자의 불이익을 통상적으로 감내해야 하는 수준으로 판단하기도 한다.

노동자와의 협의 과정이 필요하다

사용자의 인사권을 고유 권한으로만 볼 것이 아니라 조직 구성원 간 협의를 통해 결정할 수 있는 사안이라고 본다면 업무상 필요성과 구성원의 만족을 모두 충족시킬 가능성이 열린다. 결정 과정에서 노동자의 의견을 반영하는 것도 중요하다. 현행 법령에서 의무화한 30인 이상 사업장의 노사협의회를 통해서도 인력 배치에 대해 협의할 수 있다.

업무배치 권한을 통해 사업장 내 권력을 가지려는 중간 관리자나 사장은 분명 있을 것이다. 하지만 권한 남용에서 나오는 힘은 잠시뿐이다. 진정한 리더십은 구성원과의 소통 과정에서 발휘되는 것임을 잊지 말자.

• 근로기준법 •

시행 2021. 7. 1. 법률 제15513호, 2018. 3. 20., 일부개정

제23조(해고 등의 제한)

① 사용자는 근로자에게 정당한 이유 없이 해고, 휴직, 정직, 전직, 감봉, 그 밖의 징벌懲罰(이하 "부당 해고 등"이라 한다)을 하지 못한다.

• 근로자참여 및 협력증진에 관한 법률 •

시행 2019. 7. 17. 법률 제16320호, 2019. 4. 16., 일부개정

제4조(노사협의회의 설치)

① 노사협의회(이하 "협의회"라 한다)는 근로조건에 대한 결정권이 있는 사업이나 사업장 단위로 설치 하여야 한다. 다만, 상시常時 30명 미만의 근로자를 사용하는 사업이나 사업장은 그러하지 아니하다.

② 하나의 사업에 지역을 달리하는 사업장이 있을 경 우에는 그 사업장에도 설치할 수 있다.

전문개정 2007. 12. 27.

망자는
돌아오지 않지만

산업재해가 발생하면 노동자는 근로복지공단에 산업재해 신청을 해야 한다. 근로복지공단은 노동자의 재해가 업무와 연관이 있는지 여부를 판단해 인과관계가 성립하면 산업재해로 인정하고 있다. 만약 인정되지 않는다면 노동자는 산업재해보상보험 재심사위원회(이하 재심사위원회)에 재심을 신청해 산업재해 여부를 다시 물을 수 있다.

제주공항에서 근무하다가 2018년 사망한 노동자에 대한 재심사위원회의 판정 회의가 얼마 전 열렸다. 결과는 원처분 취소, 곧 사망한 노동자의 산업재해가 인정된 것이다.

제주공항에서 근무할 당시 상사의 괴롭힘을 신고했지만 사업장의 적절치 않은 대처로 극단적 선택으로 내몰린 20대 노동자의 사건이었다. 결과를 듣는 순간 눈물이 핑 돌았다. 2년 동안 죽음의 원인을 파헤치고 책임자를 찾으려는 유족과 동료들의 노력이 떠올랐기 때문이다. 사망한 노동자의 아버지에게 걸려온 전화를 받자 전화기 너머로 울음을 삼키는 소리가 들렸다.

사건 내용만 보면 애초에 산업재해가 인정되었어야 마땅했다. 뒤늦게나마 그의 죽음이 산업재해로 인정되면서 안타까운 죽음은 사회적 의미를 갖게 되었다. 재발 방지를 위한 대책에 힘이 실릴 것이다. 유족에게는 망자의 명예가 회복되고 조금이나마 위로가 되는 결정이었을 것이다.

직장 내 괴롭힘으로 인한 정신질환도 산업재해로 인정될까?

'직장 내 괴롭힘 금지법'이 시행된 지 2년이 되어가지만 사실 이 법이 시행되기 전에도 업무상 괴롭힘으로 인한 정신질환에 대해 근로복지공단은 산업재해로 인정하고 있었다. 다만, 관련 내용을 보다 구체적으로 법제화한 것이다.

2019년 7월 16일자로 시행된 '직장 내 괴롭힘 금지법'은 업무상 범위를 넘어선 직장 내 괴롭힘과 고객의 폭언에 의한 정신적 스트레스로 발생한 질병을 산업재해로 인정한다는 게 골자다. 또 괴롭힘으로 인한 노동자의 정신질환을 예방하기 위해 사업주와 국가의 의무도 규정하고 있다.

'직장 내 괴롭힘 금지법'이 시행되면서 카카오톡 오픈 채팅방에 있는 '제주 직장갑질 119'에는 연일 다양한 사례가 제보되었다. 이를테면, 연장 근무에 동의하지 않는다며 쏟아진 사장의 폭언, 동행 출장 중 상사의 성추행 시도, 일방적인 종교 활동 강요, 체불 임금 지급을 요구했다가 돌아온 사장의 폭행, 사장의 개인 SNS에 올리기 위한 동영상 출연 강요 등이다. 폭언과 폭행을 넘어 다양한 유형의 직장 내 괴롭힘이 확인되었다. 이 외에도 사측으로부터 일방적으로 임금 삭감을 당하고 화병으로 정신과 진료를 받은 경우도 다수였고, 직장 내 괴롭힘 신고 후 처리 과정에서의 불안감으로 적응장애 진단을 받아 산업재해 요양을 승인받은 사례도 있었다.

앞에서 언급한 제주공항 사건은 직장 내 괴롭힘을 신고 했지만 차일피일 조사가 미뤄지면서 수개월간 진행되었고, 그 기간 동안 사측은 가해자와 피해자를 분리시키지 않았다. 망자의 우울과 불안이 계속되다가 결국 극단적 선택을

한 것이다. 이번 결정이 직장 내 괴롭힘으로 고통받는 노동자들에게 지금의 고통이 개인의 잘못에서 비롯된 것이 아니라는 위로가 있기를, 그 고통에 조금 더 적극적으로 대처할 수 있는 계기가 되기를 바란다. 반대로 직장 내 괴롭힘 가해자와 이를 방치하거나 조장한 사업주에게는 서릿발 같은 경고가 되었으면 한다.

사망한 노동자의 아버지는 산업재해가 인정되었다는 소식을 듣고 "이제 재발되지 않도록 해야죠"라는 말을 남겼다. 산업재해가 인정되어도 망자는 돌아오지 않는다. 남아 있는 이들이 그의 죽음을 애도하는 방법 중 하나는 다시는 같은 일이 발생하지 않도록 사회에 요구하는 일일 것이다. 망자의 명복을 빈다.

• 산업재해보상보험법 •

°시행 2021. 7. 1. °법률 제17865호, 2021. 1. 5., 일부개정

제37조(업무상의 재해의 인정 기준)

① 근로자가 다음 각 호의 어느 하나에 해당하는 사유로 부상·질병 또는 장해가 발생하거나 사망하면 업무상의 재해로 본다. 다만, 업무와 재해 사이에 상당인과관계相當因果關係가 없는 경우에는 그러하지 아니하다.°개정 2010. 1. 27., 2017. 10. 24., 2019. 1. 15.

1. 업무상 사고
    가. 근로자가 근로계약에 따른 업무나 그에 따르는 행위를 하던 중 발생한 사고
    나. 사업주가 제공한 시설물 등을 이용하던 중 그 시설물 등의 결함이나 관리 소홀로 인해 발생한 사고
    다. 삭제 °2017. 10. 24.
    라. 사업주가 주관하거나 사업주의 지시에 따라 참여한 행사나 행사 준비 중에 발생한 사고
    마. 휴게시간 중 사업주의 지배관리하에 있다고 볼 수 있는 행위로 발생한 사고
    바. 그 밖에 업무와 관련하여 발생한 사고
2. 업무상 질병
    가. 업무수행 과정에서 물리적 인자因子, 화학물질, 분진, 병원체, 신체에 부담을 주는 업무 등 근로자의 건강에 장해를 일으킬 수 있는 요인을 취급하거나 그에 노출되어 발생한 질병
    나. 업무상 부상이 원인이 되어 발생한 질병
    다. 〈근로기준법〉 제76조의 2에 따른 직장 내 괴롭힘, 고객의 폭언 등으로 인한 업무상 정신적 스트레스가 원인이 되어 발생한 질병
    라. 그 밖에 업무와 관련하여 발생한 질병

3. 출퇴근 재해

　가. 사업주가 제공한 교통수단이나 그에 준하는 교통수단을 이용하는 등 사업주의 지배관리하에서 출퇴근하는 중 발생한 사고

　나. 그 밖에 통상적인 경로와 방법으로 출퇴근하는 중 발생한 사고

일터 괴롭힘은
엄연한 '불법'

#1

보안용 CCTV로 제가 일하는 일거수일투족을 감시당하고 있습니다. 조금이라도 사장님 맘에 들지 않으면 바로 사장님에게 카톡이나 전화가 옵니다. "지금, 뭐 하는 거니?"라고요.

#2

상사와의 관계가 계속 좋지 않은데, 문제는 상사가 다른 동료들에게 저에 대해 안 좋은 이야기를 하고 다녀요. 제가 스스로 그만둘 때까지 괴롭히겠다는 발언도 있었다고 동료가 알려주네요. 이유라도 알면 좋겠는데 저랑은 말도 섞지 않아요.

#3

회식이 끝나고 집으로 돌아가는 길에 상사에게 따귀를 맞았습니다. 당혹스럽고 생각하면 할수록 자존감이 땅에 떨어져 죽고 싶은 기분까지 듭니다. 이를 목격한 다른 상사는 별일 아니니 넘어가라는데, 제 자존심은 어떻게 하죠?

#4

회사 내 문제를 해결해달라고 이야기했다가 찍혔습니다. 회사에서는 상사의 말만 듣고 저에게 권고사직을 이야기합니다. 사직을 거부했더니 그 이후에는 부당한 업무 지시가 뒤따르고 있습니다. 회사에 가는 것이 지옥 같습니다.

언론에 보도된 직장 갑질 문제 말고도 이처럼 다양한 방식의 알려지지 않은 직장 갑질은 오늘도 우리 주변에서 벌어지고 있다. 하루 대부분을 보내는 일터에서 유·무형의 괴롭힘을 받는다는 것은 한 인격이 무너지는 일과 같다. 직장을 다니면서 누구나 가슴 한쪽에 사직서를 품고 다닌다지만, 사직서를 내는 순간부터 노동자의 생계는 막막해진다. 경쟁 중심의 교육을 받으며 자라 취업 경쟁에서 성공한 이들, 그렇게 들어간 직장에서 겪는 다양한 갑질을 버티는 것 역시 또다른 경쟁이 되어버린 듯하다. 그 사이 노동자의 몸과 마음은 만신창이가 된다. 2019년 7월 16일부터 '직장 내 괴롭힘 금지법'이 시행되고는 있지만 아쉬운 부분도 없지 않다. 여기서는 그 법안이 무엇을 담고 있는지 대략적으로 살펴보겠다.

불법이 된 직장 내 괴롭힘

첫째, 〈근로기준법〉에 '직장 내 괴롭힘'이라는 개념을 법률로 정의해 사회적으로 직장 내 괴롭힘이 불법임을 공식화했다. 직장 내 괴롭힘에 대해 "직장에서의 지위 또는 관계 등의 우위를 이용하여 업무상 적정 범위를 넘어 다른 근로자에게 신체적·정신적 고통을 주거나 근무환경을 악화시키는 행위"로 포괄적으로 규정했다.

둘째, 직장 내 괴롭힘이 발생했을 때 사용자의 조사 의무를 명시했다. 사용자는 직장 내 괴롭힘 신고가 접수되면 지체 없이 사실 확인을 위한 조사를 실시해야 한다. 조사 기간 동안에는 피해 노동자를 보호하기 위해 근무 장소를 변경하거나 유급 휴가를 명령하는 등의 조치를 취해야 한다.

셋째, 직장 내 괴롭힘이 확인된 때에는 행위자에 대해 징계, 근무 장소 변경 같은 필요한 대책을 세워야 한다. 이때 행위자를 어떻게 조치할 것인가에 대해 피해 노동자의 의견을 들어야 한다. 만약 피해 노동자의 요청이 있다면 사업주는 피해 노동자의 근무 장소 변경, 배치 전환, 유급 휴가 명령 등 적절한 조치를 취해야 한다.

넷째, 사업주는 직장 내 괴롭힘 발생이나 예방에 관한 조치 내용을 취업규칙에 반영·명시해야 한다. 취업규칙에 명시하는 경우 행위자에 대한 징계 조항이 추가되는 등 취업규칙 불이익 변경 요인이 있기 때문에 반드시 노동자의 과반수 동의를 얻는 절차가 필요하다. 단지 법률상 절차 때문만이 아니라 직장 내 괴롭힘을 없애자는 취지의 규정 변경이기에 노동자의 의견이 적극 반영될 수 있도록 하는 것이 좋다.

다섯째, 〈산업재해보상보험법〉에 직장 내 괴롭힘으로 인한 정신적 스트레스가 원인이 되어 발생한 질병을 업무상 질병에 포함시켰다. 여기에는 직장 내 노동자에 의한 괴롭힘을 넘어 고객의 괴롭힘까지 포함된다.

여섯째, 고객을 응대하는 노동자의 경우 고객의 괴롭힘으로부터 보호받을 권리가 〈산업안전보건법〉에 명시되어 있다. 사업주는 고객의 폭언 등에 대비해 업무의 일시적인 중단과 휴게시간의 연장, 정신과 치료·상담 지원, 손해배상 청구, 법률대응 지원 등으로 노동자를 보호할 의무가 발생한다.

'직장 내 괴롭힘 금지법'의 실효성을 위해

'직장 내 괴롭힘 금지법'의 실효성에 대한 우려의 목소리도 적지 않다. 직접처벌조항의 부재, 5인 미만 소규모 사업장에 대한 미적용, 사업주가 괴롭힘의 주체일 경우 괴롭힘 행위자에게 신고해야 한다는 점 등 제도적 한계가 존재하기 때문이다.

'혼나면서 배우는 거야'라는 조직 문화가 있는 한 상급자의 업무 지시와 직장 내 괴롭힘을 구분하는 과정에서 내부적 충격도 만만한 일은 아닐 것이다. 비정규직의 경우 재계약 걱정으로 괴롭힘을 당해도 신고하기 힘들고, 고용이 보장돼 있더라도 여러 이유로 현장에서 활용하는 게 어려울 수 있다.

사실 직장 내 괴롭힘 대부분은 법 시행 이전에도 〈형법〉, 〈민법〉 등에 따라 보호받을 수 있었다. 그럼에도 '직장 내 괴롭힘'을 〈근로기준법〉상 개념으로 포함시켜 보호하겠다는 취지는, 안전하고 건강하게 일해야 할 직장에서 괴롭힘으로 노동자의 몸과 마음이 상하는 일을 더이상 방치하지 말자는 사회적 목소리가 커진 것에 따른 결과로 볼 수 있겠다.

지금 우리가 일하는 일터를 다시 한 번 되돌아보자. 내 직장은 건강한가? 모두가 즐겁게 일할 수 있는 일터를 만들기 위한 고민과 실천은 계속되었으면 한다.

• 근로기준법 •

°시행 2021. 7. 1. °법률 제15513호, 2018. 3. 20., 일부개정

제6장의 2 직장 내 괴롭힘의 금지

°신설 2019. 1. 15.

제76조의 2(직장 내 괴롭힘의 금지)

사용자 또는 근로자는 직장에서의 지위 또는 관계 등의 우위를 이용하여 업무상 적정 범위를 넘어 다른 근로자에게 신체적·정신적 고통을 주거나 근무환경을 악화시키는 행위(이하 "직장 내 괴롭힘"이라 한다)를 하여서는 아니 된다. °본조 신설 2019. 1. 15.

제76조의 3(직장 내 괴롭힘 발생 시 조치)

① 누구든지 직장 내 괴롭힘 발생 사실을 알게 된 경우 그 사실을 사용자에게 신고할 수 있다.

② 사용자는 제1항에 따른 신고를 접수하거나 직장 내 괴롭힘 발생 사실을 인지한 경우에는 지체 없이 당사자 등을 대상으로 그 사실 확인을 위하여 객관적으로 조사를 실시하여야 한다.°개정 2021. 4. 13.

③ 사용자는 제2항에 따른 조사 기간 동안 직장 내 괴롭힘과 관련하여 피해를 입은 근로자 또는 피해를 입었다고 주장하는 근로자(이하 "피해 근로자 등"이라 한다)를 보호하기 위하여 필요한 경우 해당 피해 근로자 등에 대하여 근무 장소의 변경, 유급 휴가 명령 등 적절한 조치를 하여야 한다. 이 경우 사용자는 피해 근로자 등의 의사에 반하는 조치를 하여서는 아니 된다.

④ 사용자는 제2항에 따른 조사 결과 직장 내 괴롭힘 발생 사실이 확인된 때에는 피해 근로자가 요청하면 근무 장소의 변경, 배치 전환, 유급 휴가 명령 등 적절한 조치를 하여야 한다.

⑤ 사용자는 제2항에 따른 조사 결과 직장 내 괴롭힘 발생 사실이 확인된 때에는 지체 없이 행위자에 대하여 징계, 근무 장소의 변경 등 필요한 조치를

하여야 한다. 이 경우 사용자는 징계 등의 조치를 하기 전에 그 조치에 대하여 피해 근로자의 의견을 들어야 한다.

⑥ 사용자는 직장 내 괴롭힘 발생 사실을 신고한 근로자 및 피해 근로자 등에게 해고나 그 밖의 불리한 처우를 하여서는 아니 된다.

⑦ 제2항에 따라 직장 내 괴롭힘 발생 사실을 조사한 사람, 조사 내용을 보고받은 사람 및 그 밖에 조사 과정에 참여한 사람은 해당 조사 과정에서 알게 된 비밀을 피해 근로자 등의 의사에 반하여 다른 사람에게 누설하여서는 아니 된다. 다만, 조사와 관련된 내용을 사용자에게 보고하거나 관계 기관의 요청에 따라 필요한 정보를 제공하는 경우는 제외한다. °신설 2021. 4. 13.

°본조 신설 2019. 1. 15. °시행일: 2021. 10. 14. 제76조의 3

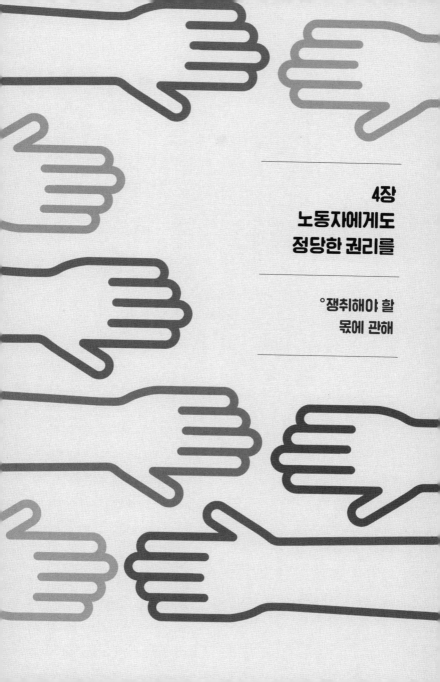

**4장
노동자에게도
정당한 권리를**

°쟁취해야 할
몫에 관해

우리 그냥
'노조'하게
해주세요

일하는 사람의 노동조건의 최저 기준을 정한 〈근로기준법〉에는 쓸모 있는 조항들이 꽤 많다. 하지만 현실에 적용하기 어려운 조항도 적지 않다. 예를 들어 노동자에게 휴일 근무나 연장 근무를 지시하려면 사용자는 노동자의 동의를 얻어야 하는데, 노동자는 당연히 거부할 권리가 있다. 사전에 약속한 소정근로시간 외에는 자유시간이니까. 하지만 현실에서는 어떨까? 사용자가 요구하는 추가 근무를 거부하는 게 쉽지 않다. 휴일에 친구들과 약속을 잡아두었지만 회사 사정으로 약속을 포기해야 하는 경우가 종종 있지 않은가.

또 노동자가 출산휴가나 육아휴직을 신청했을 때 법적으로 요건이 충족된 상황이라면 사용자는 반드시 부여해야 할 의무가 있다. 관련 휴가제도는 연차 사용처럼 사용자의 시기 변경권이 주어지는 것도 아니다. 하지만 현실에서 출산휴가나 육아휴직은 신청 단계에서부터 눈치가 보이고 어떤 경우에는 회사로부터 사직 권유를 받기도 한다.

연봉계약을 맺으면서 회사가 어렵다며 동결이나 삭감된 계약서를 내미는 경우도 있는데, 노동조건이 안 좋게 바뀌는 부분이기에 노동자의 동의가 없으면 효력은 발생하지 않는다. 법적으로는 노동자가 삭감된 연봉에 동의하지 않으면 사용자는 기존 연봉으로 계속 지급해야 하고, 사용자는 삭감된 연봉에 동의하지 않는다는 이유로 노동자를 징계할 수 없다. 하지만 현실이 어디 그런가.

노동자의 권리를 현실화하기 위해서는

〈헌법〉은 노동자의 노동조합 활동 권리를 이야기한다. 국민이 인간다운 생활을 할 권리나 교육받을 권리가 있는 것과 같은 맥락이다. 〈헌법〉은 노동자의 노동조건 향상을 위해 노동 3권(단결권, 단체교섭권, 단체행동권)을 보장한다. 노동자와 사용자는 대등한 일대일 관계를 성립할 수 없으니 노동자가 단결해 권리를 찾을 수 있도록 한 것이다. 백지장도 맞들면 낫다는 속담도 있지 않은가! 혼자서는 상상도 못했던 일들이 노동조합을 만들고 나면 현실이 되기도 한다. 이를테면, 화장실 한구석에서 숨죽이며 끼니를 때워야 했던 청소 노동자에게 휴게실이 주어졌고, 하루 종일 선 채로 일해야 했던 마트 계산원 노동자에게 앉을 의자가 생겼다. 면세점에서 일하는 노동자에게는 감정노동에 대한 보상 휴가와 수당이 지급되었고, 게임 업계 종사 노동자의 장시간 노동을 부추기던 포괄임금제도 폐지되었다. 법에 명시되어 있는 기본 내용을 넘어서는 수준으로 현실화된 노동권은 입법 단계를 거쳐 모든 노동자에게 적용되기도 한다.

무엇보다 노동조합을 통해 노동자가 객관화된 근로 제공자가 아닌, 노동의 주체가 될 수 있다는 것이 가장 큰 의미다.

전 세계 155개국에서 다 터지는 노동기본권, 한국에선 안 터져요!

노동조합을 통해 노동자의 권리를 보장받을 수 있다 하더라도 한국의 노조 가입률은 10퍼센트 선에 머물러 있다.

노동조합을 만들고 활동하기가 매우 힘든 구조다. 우선 노동조합에 대한 사용자의 탄압이 거세다. 〈헌법〉에 보장된 권리임에도 국가에서 적극 보호하지 않는 제도적 한계도 한몫한다. 노동조합에 대해 왜곡된 시선을 갖는 경우가 많고 노동자 스스로도 그렇게 바라본다.

노동조합에 참여할 권리가 국민의 기본권이고 각종 노동법이 현실화되기 위해서는 노동조합이 필요하다는 인식이 확산되어야 한다. 그 일환으로 정부는 국민의 노동조합 참여 권리를 보장하기 위한 제도적 보완책을 마련해야 한다. 문재인 정부의 대선 공약이기도 한 국제노동기구ILO 핵심 협약 비준이 노동기본권 보장의 시작이어야 한다.

ILO 핵심 협약은 회원국이 수행해야 할 기본적인 의무 사항을 규정한 국제노동규범이다. 1998년에 정해진 핵심 협약은 '결사의 자유' '강제 노동 금지' '균등 대우' '아동 노동 금지'의 총 네 분야, 여덟 개 협약으로 구성되어 있다. 현재 한국 정부는 균등 대우와 아동 노동 금지에 대한 협약은 비준했으나 결사의 자유와 강제 노동 금지 협약은 비준하지 않은 상태다. 최근 들어서야 정부는 비인준 핵심 협약 네 개 가운데 세 개를 국회에 상정했다. 결사의 자유 조항도 포함됐다. ILO는 유엔 산하 기구로 유엔 회원국의 '정부-사용자

단체-노동자 단체'에서 파견된 대표단으로 구성된다. '최소한 이것만은 지키자'는 취지로 결정한 국제 기준이다. 한국에서 이제야 상정한 노동조합과 관련된 결사의 자유 핵심 협약은 유엔 187개 회원국 가운데 155개 이상의 국가에서 이미 적용하고 있다.

결사의 자유 조항이 국회에서 인준된다고 해서 당장 노동자의 현실이 바뀌진 않을 것이다. 다만, 좀더 많은 노동자에게 노동조합의 문이 활짝 열리고, 노동자가 노동인권을 스스로 찾을 기회가 확대될 것이다. 아니, 꼭 그렇게 되기를 바란다.

• 대한민국헌법 •
°시행 1988. 2. 25. °헌법 제10호, 1987. 10. 29., 전부개정

제33조
① 근로자는 근로조건의 향상을 위하여 자주적인 단결권·단체교섭권 및 단체행동권을 가진다.
② 공무원인 근로자는 법률이 정하는 자에 한하여 단결권·단체교섭권 및 단체행동권을 가진다.
③ 법률이 정하는 주요 방위산업체에 종사하는 근로자의 단체행동권은 법률이 정하는 바에 의하여 이를 제한하거나 인정하지 아니할 수 있다.

단결금지의 시대,
'단결금지법'을 아시나요

〈헌법〉에서도 결사의 자유를 기본권으로 보장하는데 '단결금지법'이라니? 2020년대를 사는 이들에겐 고개를 갸우뚱하게 하는 법명일 수 있다. 단결금지법은 필자가 노동법 교육을 하거나 설명할 때 자주 거론하는 초기 자본주의의 역사적 배경 중 하나다.

자본주의 초기, 영국 노동자들의 하루 평균 노동시간은 16시간 이상이었다. 지금처럼 아동 노동을 금지하는 제도가 없어서 아동들도 일을 했는데, 주로 방직공장의 좁은 틈에서 실이 끊어지면 연결하는 작업을 맡았다. 마치 영화 〈설

국열차)의 좁은 엔진룸 속 아동 노동을 떠오르게 한다. 당시 영국 노동계층의 평균수명은 35세 전후였다.

초기 자본주의는 자유로운 계약을 원칙으로 했다. 자유 계약 형식이지만 노동자에 대한 보호 장치가 없는 상황이었으니 노동자에게 불리한 일방적 계약이 체결될 수밖에 없었다. 이 과정에서 노동자의 노동력은 빠르게 착취되었다. 장시간 저임금 노동환경에서 노동자들이 할 수 있는 저항은 일손을 놓고 항의하며 개선을 요구하는 것뿐이었다. 노동자의 이러한 집단행동을 제압할 목적으로 만들어진 법이 바로 '단결금지법'이다. 단결금지법은 19세기 초반 유럽을 중심으로 도입되었는데, 1791년 프랑스, 1799년 영국 등에서 제정되었다. 주요 내용은 노동자는 단결할 수 없고, 만일 업무를 거부하는 등의 행동strike을 하면 형사처벌을 한다는 것이었다.

노동자의 단결금지법은 그리 오래가지 못했다. 단결을 금지하는 것이 더 크고 강한 노동자의 저항을 불러일으켰기 때문이다. 결국 영국은 단결금지법을 폐지했고, 1825년 '단결법'을 제정했다. 초기 단결법은 단결의 형식만을 부여하는 것이었다. 노동조합을 만들 자유는 생겼지만 노동조합으로 교섭하거나 단체행동strike을 하는 것은 사실상 금지하는 내용이었다. 이후 지속된 노동자의 저항과 각종 사회주의 사상의 등장은 자본주의의 존립마저 흔들었고, 이에 정부와 자본은 현실적 타협점을 찾게 되었다. 결과적으로 현재의 노동 3권(단결권, 단체교섭권, 단체행동권)이 자리 잡기 시작했다. 노동법의 기원을 설명하면서 단결금지법이 등장하는 이유다.

단결금지법이 사라지고 초기 단결법이 생긴 것도 어느 덧 200여 년이나 되었다. 시공간은 다르지만 서구의 노동권 성립 배경에 따라 우리 〈헌법〉에 노동 3권을 새겨 넣은 것도 70년이 되었다.

2020년대인 지금, 아직도 단결금지법이?

2020년 5월 20일, 전국교직원노동조합(전교조)을 법외 노조화한 노동부 처분이 효력이 있는지 여부에 대한 대법원 전원합의체 공개 변론이 있었다. 교육 노동자의 단결을 허용할 것인지 금할 것인지의 문제를 2020년에 다투고 있는 것이다. 2020년 창립 31주년을 맞이한 전교조는 전두환 정부 시절 '아이들을 가르치는 성스러운 교사는 노동자가 아니다'라는 이유로 불법 노조가 되었다가 1999년에야 비로

소 합법화되었다. 그러다 2013년 박근혜 정부 아래에서 해직 교사를 조합원 범위에 두고 있다는 이유로 다시금 '단결'이 금지되었다. 유튜브를 통해 공개된 공개 변론에서는 여러 법률상 쟁점이 오고 갔지만 사실상 근대적 단결금지법의 적용을 받는 교육 노동자 현실의 단면을 확인할 수 있었다.

최근 노조를 결성한 제주도 내 농협 노동자 사례도 있다. A농협은 노동조합을 결성하고 가입했다는 이유로 위원장과 조합원을 당사자의 동의 없이 B농협으로 부당 전직시켰다. B농협에서는 당사자들에게 전직을 인정하라며 새로운 근로계약서 작성을 강요했다. 작성을 거부하면 업무를 부여하지 않는 등 불이익을 주겠다고 으름장도 놓았다. A와 B농협 사용자 측의 부당 노동행위가 이뤄진 것이다. 2020년 농협 노동자에게 단결금지법이 적용되고 있는 셈이다.

얼마 전에는 이런 일도 있었다. 한 요양원에서 노동조합을 만들었다는 이유로 조합원을 해고했다가 노동자들이 반발하며 대응하자 돌연 해고를 취소했다. 늦었지만 노동조합을 인정하고 교섭을 하겠다고 하니 다행이라고 받아들여야 하는 걸까.

제도적으로는 노동자의 단결이 허용되고 있지만, 사실상 단결금지법 취지에서 벗어나지 못하고 있는 상황이다.

비정규직·중소 영세 사업장 노동자는 법적 제한은 없지만 해고 위협 같은 현실적 제한으로 단결하지 못하고 있다. 다양화된 고용 형태로 '진짜 사장'이 모호한 간접고용·특수고용 노동자들의 단결도 노동자가 아니라는 이유로 사실상 금지되어 있다. 생존을 건 노동자의 단결은 '분위기 파악 못하는 몽니'로 치부되기 일쑤다.

200여 년 전 폐지된 단결금지법이 지금도 구현되고 있다는 것은 역으로 말하면 노동자가 단결하려 하기 때문이다. 노동자는 왜 단결하려는 걸까?

'저 사람은 노동자다/노동자가 아니다. 노조를 허용해야 한다/말아야 한다'를 논하기 전에 그들이 왜 단결하려는지, 그들의 요구가 무엇인지 헤아려보는 게 하나의 공동체를 이루며 살아가는 구성원으로서 해야 할 일 아닐까.

• 대한민국헌법 •
°시행 1988. 2. 25. °헌법 제10호, 1987. 10. 29., 전부개정

제33조
① 근로자는 근로조건의 향상을 위하여 자주적인 단결권·단체교섭권 및 단체행동권을 가진다.

노동자들에게는
투표할 권리가 있다

 공직자 선거가 있을 때마다 후보들은 저마다 민생 사안에 대한 공약을 내걸고 노동자와 서민, 약자를 위한 정책을 펼치겠다고 다짐한다. 그 약속이 지켜질 수 있도록 하는 첫째 방법은 바로 투표를 잘 하는 일일 것이다.

 과거 노동자의 투표할 권리와 관련한 〈근로기준법〉 개정안이 발의된 적이 있다. 모든 노동자의 투표권을 보장하기 위해 공직선거일을 〈근로기준법〉상 유급 휴일로 규정하자는 내용이었다. 지금도 공직선거일은 공휴일에 해당하지만 공휴일은 엄밀히 말하자면 〈관공서의 공휴일에 관한 규정〉으로 관공서에 한한 강제 조항이다. 사업장에서 취업규칙으로 정하는 경우에만 공휴일이 유급 휴일에 해당되었다. 당시에는 발의된 법안이 통과되지 못했는데, 2019년에 이르러 〈근로기준법〉의 유급 휴일 내용이 개정되었다. 공직선거일만이 아니라 〈관공서의 공휴일에 관한 규정〉에 따른 모든 공휴일을 〈근로기준법〉상 유급 휴일로 보장한다는 내용이다. 다만, 단계적으로 시행하는 것이라 2020년에는 300명 이상 사업장과 공공기관 등에 우선 적용되고, 2021년에는 30인 이상 사업장에, 2022년에는 5인 이상 사업장에 전면 적용된다.

휴일 근무라서
투표권 행사가 어렵다면?

그런데 사업장 규모가 5인 미만이라 유급 휴일 적용을 못 받는다면 어떻게 해야 할까? 혹 유급 휴일이더라도 휴일 근무를 하는 상황이라서 투표권 행사가 어려운 경우라면? 2020년 총선 투표시간은 오전 6시부터 오후 6시까지였다. 해당 시간 모두 근무시간이었던 이도 있었을 것이고, 출근시간 전에 투표하려다 여러 이유로 투표하지 못한 채 출근한 경우도 있었을 것이다. 이런 상황을 그냥 지나쳐야 할까? 그렇지 않다. 사업주에게 '투표시간 보장'을 요구하면 된다. 〈근로기준법〉 제10조는 공민권 보장 조항을 두고 있어서 사용자의 투표시간 부여를 의무화하고 있다.

투표시간은 '실제로 투표하는 데 필요한 시간'을 의미한다. 다시 말해 투표권 행사에 필요한 최소한의 시간만이 아니라 투표소까지 이동하고 대기하는 시간 그리고 투표하는 시간을 모두 포함하는 것이다. 부여되는 시간은 〈공직선거법〉상 휴무 또는 휴업으로 보지 않기 때문에 유급에 해당한다. 다만, 사용자는 노동자가 요구한 시간을 투표하는 데 지장이 없는 범위 내에서 조정할 수 있다. 또 사용자는 〈공직선거법〉에 따라 투표시간을 청구할 수 있다는 사실을 선거일 전 7일부터 선거일 전 3일까지 홈페이지, 사보, 사내 게시판 등을 통해 노동자에게 알려야 할 의무가 있다.

노동자들에게 힘이 되어줄 후보는 누구인가

〈근로기준법〉에서 보장하는 공민권은 공의 직무를 의미하므로, 공직선거에서는 투표할 시간을 보장하는 것과 후보로 출마하는 것까지 보장한다. 그러나 현실은 어떨까? 노동자가 시의원에 출마해 당선된 경우 공의 직무를 수행하기 위해 휴직을 보장하기보다는 업무 수행이 어렵다는 이유로 해고하는 등 제도적으로 보장하지 못하고 있다. 노동자와 서민을 위한 정치를 하겠다는 정치인은 누구보다 그들 입장에서 고충을 잘 알고 있는 사람이어야 할 것이다. 하지만 법과 제도는 현실에서 반대 방향으로 작동하고 있다. 다가오는 선거에서는 노동자에게 힘이 되어줄 후보와 정당을 꼼꼼히 살펴보자.

• 근로기준법 •

° 시행 2021. 7. 1. ° 법률 제15513호, 2018. 3. 20., 일부개정

제10조(공민권 행사의 보장)

사용자는 근로자가 근로시간 중에 선거권, 그 밖의 공민권公民權 행사 또는 공公의 직무를 집행하기 위하여 필요한 시간을 청구하면 거부하지 못한다. 다만, 그 권리 행사나 공公의 직무를 수행하는 데에 지장이 없으면 청구한 시간을 변경할 수 있다.

제55조(휴일)

② 사용자는 근로자에게 대통령령으로 정하는 휴일을 유급으로 보장하여야 한다. 다만, 근로자 대표와 서면으로 합의한 경우 특정한 근로일로 대체할 수 있다. ° 신설 2018. 3. 20.

• 공직선거법 •

°시행 2021. 3. 26. °법률 제17981호, 2021. 3. 26., 일부개정

제6조(선거권 행사의 보장)

① 국가는 선거권자가 선거권을 행사할 수 있도록 필요한 조치를 취하여야 한다.

② 각급 선거관리위원회(읍·면·동 선거관리위원회는 제외한다)는 선거인의 투표 참여를 촉진하기 위하여 교통이 불편한 지역에 거주하는 선거인 또는 노약자·장애인 등 거동이 불편한 선거인에 대한 교통 편의 제공에 필요한 대책을 수립·시행하여야 하고, 투표를 마친 선거인에게 국공립 유료시설의 이용 요금을 면제·할인하는 등의 필요한 대책을 수립·시행할 수 있다. 이 경우 공정한 실시 방법 등을 정당·후보자와 미리 협의하여야 한다.
°신설 2008. 2. 29., 2020. 12. 29.

③ 공무원·학생 또는 다른 사람에게 고용된 자가 선거인명부를 열람하거나 투표하기 위하여 필요한 시간은 보장되어야 하며, 이를 휴무 또는 휴업으로 보지 아니한다.°개정 2008. 2. 29.

④ 선거권자는 성실하게 선거에 참여하여 선거권을 행사하여야 한다.°개정 2008. 2. 29.

⑤ 선거의 중요성과 의미를 되새기고 주권의식을 높

이기 위하여 매년 5월 10일을 유권자의 날로, 유권자의 날부터 1주간을 유권자 주간으로 하고, 각급 선거관리위원회(읍·면·동 선거관리위원회는 제외한다)는 공명선거 추진 활동을 하는 기관 또는 단체 등과 함께 유권자의 날 의식과 그에 부수되는 행사를 개최할 수 있다.°신설 2012. 1. 17.

제6조의 2(다른 자에게 고용된 사람의 투표시간 보장)

① 다른 자에게 고용된 사람이 사전투표기간 및 선거일에 모두 근무를 하는 경우에는 투표하기 위하여 필요한 시간을 고용주에게 청구할 수 있다.

② 고용주는 제1항에 따른 청구가 있으면 고용된 사람이 투표하기 위하여 필요한 시간을 보장하여 주어야 한다.

③ 고용주는 고용된 사람이 투표하기 위하여 필요한 시간을 청구할 수 있다는 사실을 선거일 전 7일부터 선거일 전 3일까지 인터넷 홈페이지, 사보, 사내 게시판 등을 통하여 알려야 한다.

°본조 신설 2014. 2. 13.

인권은 경험을 통해
학습된다

"스포츠형을 권장하며 단정한 길이를 유지한다. 무스·젤 등을 통한 변형이나 퍼머·염색을 통한 색상의 변형을 금지한다."

"동복은 호주머니 위쪽에, 하복은 학년표식 옆에 백색으로 통일해 명찰을 부착한다."

"불건전한 이성교제는 금지한다. 남녀 학생 단둘의 만남은 항상 개방된 장소를 이용해야 한다."

"학생은 정당 또는 정치적 목적의 사회단체에 가입하거나 정치 활동을 할 수 없다."

"여학생의 스커트는 무릎 위로 5센티미터를 넘지 않아야 한다."

현재 제주도 내 고등학교에서 시행되고 있는 학생생활 규정과 학생자치규정의 일부 조항이다. 지금으로부터 약 5년 전인 2016년 12월, 민주노총제주본부 청소년노동인권사업단은 도내 고등학교 30개교의 학생생활규정과 자치규정의 인권침해 여부를 조사했다. 당시 박근혜 대통령 탄핵을 위한 촛불집회에는 청소년의 참여가 무척 많았는데 참가 학생으로부터 학교 교칙에 따라 참가가 제한된다는 이야기를 들은 직후였다. 조사 결과 최종 취합된 23개교 규정 가운데 학생의 정치 활동, 노동운동을 아예 금지하는 조항이 포함된 규정이 16개교(69.6퍼센트)에서 확인되었다. 학생들을 포함한 온 국민의 정치 활동이었던 촛불집회의 힘으로 대통령을 탄핵한 때로부터 5년…. 그 5년 동안 학생들의 인권은 향상되었을까?

인권침해 규정들, 이제는 바뀌어야 할 때

5년이 지나는 동안 분명히 변화는 있었다. 2019년 말, 선거법이 개정되어 만18세 이상으로 선거권이 확대되면서 고등학교 3학년 학생 일부가 선거권을 갖게 되었고, 이는 정치 활동을 금지하는 교칙이 전면 개정되어야 할 충분한 법적 배경이 되었다. 하지만 여전히 도내 상당수 학교는 구시대적이고 인권침해적인 교칙을 개정하지 않고 있다. 그래서일까. 학생들이 직접 나섰다. 2020년 3월 도내 고등학생으로 구성된 학생인권조례 TF에서는 고등학교 15개교의 교칙이 인권침해 요소가 있음을 확인하고 국가인권위원회에 진정을 제기했다. 그리고 도의회에는 제주학생인권조례 제정을 촉구했다.

제주학생인권조례 제정에 대한 찬반 논의는 뜨거웠다. 2020년 6월에는 정의당 고은실 의원 등 22명의 의원이 공동 발의한 〈제주특별자치도 교육청 학생인권조례안〉이 9월 23일 제주도의회 교육위원회에 상정되기도 했다. 반대 측에서는 조례안을 통해 교권이 제한되고 학습 능력이 저하될 것이라고 했지만 이는 어불성설이다. 인권은 다른 것으로 대체될 수 없는 인간의 존엄이기 때문이다. 학생인권조례의 제정 시기는 지금도 늦은 상태다. 더이상 미루지 않고 조속히 제정되어야 한다.

2005년 국가인권위원회는 학생의 두발 자유를 기본권

으로 보고, 교육 당국에 두발 제한 규정을 삭제할 것을 권고한 바 있다. 이미 16년 전이다. 또 학생의 명찰을 고정식으로 부착한 결과 교외에서까지 이름이 노출되는 것은 〈헌법〉 제17조 사생활의 자유를 침해하는 행위라 판단하고 바로잡기를 권고하기도 했다. 이것도 이미 12년 전이다. 하지만 도내 상당수 학교에서는 아직도 학생생활규정에 두발 제한을 두고 있고, 이제는 일부가 되었지만 교복에 고정하는 명찰을 사용하는 학교도 여전히 있다.

전 국민을 대상으로 장발과 미니스커트를 단속했던 것이 퀴즈로 나올 만큼 시대가 바뀌었는데 학교에는 왜 아직까지 그 잔재가 남아 있는 걸까. 경쟁과 교육이라는 이름으로 학생들의 인권침해를 당연하게 생각하고 있는 건 아닌지 돌아봐야 한다. 1980년대 두발 제한은 공장을 군軍영화해 노동자를 통제하는 수단의 일환이었다. 1987년 노동자 대투쟁 당시 노동자들이 임금 인상과 함께 내걸었던 요구안이 "두발 자유화"였다. 정부가 두발 제한으로 머리 모양 이상의 것을 통제하려 했기 때문이다. 그렇다면 오늘의 학교는 학생들의 두발을 제한하면서까지 무엇을 그렇게 통제하려는 걸까.

인권 경험은
타인의 존중으로 이어진다

제주학생인권조례는 헌법과 유엔협약에 근거해 학생의 인권이 교육과정과 학교생활에서 실현되는 것을 목적으로 한다. 주요 내용으로는 교육권과 차별받지 않을 권리, 양심·종교의 자유, 표현의 자유, 자치와 참여권 등이 담겨 있다. 특히 인권옹호관제도를 신설해 인권 교육과 상담, 구제를 지원하는 내용도 포함하고 있다.

청소년을 대상으로 하는 노동인권 교육에서 종종 아르바이트를 하는 학생들의 생생한 경험을 듣곤 한다. 좋은 경험도 있지만 그렇지 않은 경험도 있다. 인권침해가 일어나면 대부분 적절한 구제를 받지 못한다. 노동부 대응에 대한 부담 때문인 경우가 많은데, 인권옹호관제도를 통해 다양한 방식의 구제가 가능하다면 아르바이트를 하는 학생들이 보다 적극적으로 인권침해에 맞설 수 있을 것이다.

학생들이 학교에서 경험하는 인권은 타인에 대한 존중으로 이어진다. 인권을 중심으로 하는 사고는 우리 사회에 긍정적인 변화를 가져올 것이다. 조례안 제정 직후, 학생들의 의견을 수렴해 학칙을 개정하는 민주적 과정을 거치는 것부터가 변화의 시작이 될 것이다.

• 대한민국헌법 •

°시행 1988. 2. 25. °헌법 제10호, 1987. 10. 29., 전부개정

제11조

① 모든 국민은 법 앞에 평등하다. 누구든지 성별·종교 또는 사회적 신분에 의하여 정치적·경제적·사회적·문화적 생활의 모든 영역에 있어서 차별을 받지 아니한다.

제17조

모든 국민은 사생활의 비밀과 자유를 침해받지 아니한다.

제18조

모든 국민은 통신의 비밀을 침해받지 아니한다.

제19조

모든 국민은 양심의 자유를 가진다.

제20조

① 모든 국민은 종교의 자유를 가진다.

택배 노동자의
그림자 노동

    텔레비전을 보다가 "갔다 올게"라는 한 보험사의 광고문구가 눈에 띄었다. 아침에 출근했다가 저녁에 돌아오는 당연한 일상을 이루지 못하는 노동자들이 떠올라서다. 한해 2400여 명의 노동자가 일터에서 돌아오지 못하고 있다.

    지난달 제주시청 앞에는 제주 지역 택배 노동자들이 한자리에 모였다. 근무 중 의식을 잃고 쓰러져 사망한 노동자를 추모하고 그 노동자가 일했던 국내 택배업계 1위의 CJ대한통운에 재발 방지를 촉구하는 자리였다. 전국에서 2020년에만 10명의 노동자가 택배 운송을 하다가 과로로 사망했다. 사회적으로 알려진 숫자만 그렇다.

온라인 쇼핑몰이 활성화되면서 국민 1인당 택배 이용률이 증가하고 있다. 한국통합물류협회에 따르면 2018년 한 해 국민 1인당 평균 49회의 택배 서비스를 이용한 것으로 집계되었다. 경제활동 인구수로 계산하면 1인당 연간 100회에 달한다. 코로나19가 장기화되면서 이 수치는 더욱 증가했을 것으로 추정된다.

제주에서도 택배 이용이 점점 증가하고 있다. 밤 12시 가까운 늦은 시간 귀갓길에 마주치는 택배 차량, 새벽녘에 도착한 "문 앞에 배송하였습니다"라는 문자를 보면 택배업이 사실상 24시간 근무체계로 움직이고 있다는 것을 알게 된다.

택배 노동자의 과로사가 계속 문제가 되자 택배사업에 종사하는 노동자의 노동환경에 대한 실태조사가 진행되었다. 현행 〈산업재해보상보험법〉에 따르면 노동자의 과로사 여부를 판단하는 기준으로 장시간 노동을 포함해 교대제 업무, 휴일 업무, 야간 업무, 육체적 고강도 업무 등을 두고 있다. 이런 업무가 많았을 경우 과로사와 업무 사이의 연관성이 크다고 판단한다. 택배 노동자의 실태조사 결과 우리가 눈으로 보는 운송 업무 외의 것이 존재했다.

관행으로 정착한
택배 노동자의 그림자 노동

전국 택배 노동자를 대상으로 진행된 설문조사 결과는 놀라웠다. 먼저 택배 노동자의 주간 평균 노동시간은 71.3시간으로 나타났다. 〈산업재해보상보험법〉에서는 노동자의 노동시간이 12주간 1주 60시간이 넘으면 만성 과로로 인정하고 있다. 택배 노동자가 평균적으로 모두 과로에 노출되어 있다는 수치였다.

노동시간이 높은 이유는 택배사업에 종사하는 노동자가 감내하는 물류 양도 엄청나지만 배송 업무만이 아니라 분류 업무까지 맡고 있어서다. 택배 노동자 대부분은 위탁계약 형식을 체결하는 특수고용 노동자로 분류된다. 택배 노동자는 운송비로 건당 수수료를 받는 것으로 업체와 계약한다. 분류 작업에 대해서는 따로 계약에 명시하지 않는 경우가 많다. 하지만 업계 관행으로 분류 작업이 택배 노동자의 것으로 인식되었고, 물량 증가로 그 부담이 점점 커졌다. 조사에 따르면 하루 업무 중 40퍼센트가량을 분류 작업에 투여하고 있다고 한다. 분류 작업이 그림자 '무료 노동'으로 되어 있고, 이 때문에 장시간 노동이 가중될 수밖에 없었던 것이다.

땀 흘려 일하는
노동자에게 정당한 몫을!

택배 노동자의 과로사가 사회문제로 떠오르면서 택배를 이용하지 않겠다고 선언하는 이들까지 등장했다. 자기 편의를 위해 택배를 이용하는 것이 결과적으로 노동자의 과로로 이어지는 구조를 비판하기 위한 것일 테다. 제주도에서 택배 노동자로 일하는 사람 수는 약 1000여 명으로 추정된다. 추정하는 이유는 아직까지 택배 노동자에 대한 정확한 실태조사가 이뤄지지 않아서다. 소비자를 기준으로 한 도민들의 택배 만족도 조사는 있었지만 종사자의 노동환경에 대한 조사는 없었다.

도내에서 택배 노동자의 과로와 관련해 드러난 사고는 없었지만, 택배업계의 장시간 노동 관행은 언제라도 사고 위험에 노출되어 있기에 조속한 실태조사가 진행되어야 할 것이다. 50여 년 전 전태일 열사가 준수하라고 외쳤던 〈근로기준법〉은 역설적이게도 현재의 택배 노동자에게는 적용되지 않는 것 같다. 특수고용 노동자라는 이유로 최저임금 적용도, 주 40시간 적용도, 휴일·휴게시간 보장도 받지 못하는 것이다.

온라인 쇼핑몰에서 배송료로 결제되는 2500원. 우리가 지불하는 배송료가 과연 정당하게 배분되고 있는지 관심을 가져보자. 땀 흘려 일하는 노동자에게 정당한 대가가 돌아가는지 말이다.

·생활물류서비스산업발전법·

°시행 2021. 7. 27. °법률 제17911호, 2021. 1. 26., 제정

제1조(목적)

이 법은 생활물류서비스산업 발전을 위한 기반을 조성하고 생활물류서비스종사자 및 소비자의 권익을 증진함으로써 국민의 삶의 질을 향상하고 국민 경제의 발전에 이바지함을 목적으로 한다.

제2조(정의)

이 법에서 사용하는 용어의 뜻은 다음과 같다.

　3. "생활물류서비스사업"이란 생활물류서비스를 유상으로 제공하는 사업으로서 다음 각 목의 사업을 말한다.

　　가. 택배서비스사업: 〈화물자동차 운수사업법〉 제3조 제1항에 따라 허가받은 화물자동차 운송사업을 위한 화물자동차를 이용하여 집화, 분류 등의 과정을 거쳐 화물을 배송하는 사업

　　나. 소화물배송대행서비스사업: 〈자동차관리법〉 제3조 제1항 제5호에 따른 이륜자동차를 이

용하여 화물을 직접 배송하거나 정보통신망
등을 활용하여 이를 중개하는 사업

제3조(국가와 지방자치단체 등의 책무)

① 국가와 지방자치단체는 생활물류서비스산업의 발
전 및 진흥을 위하여 필요한 정책을 수립·시행하
여야 한다.

② 국가와 지방자치단체는 생활물류서비스종사자의
권익증진 및 안전강화, 소비자의 권익 증진을 위하
여 노력하여야 한다.

③ 생활물류서비스사업자는 건전하고 투명한 생활물
류서비스 시장의 조성과 생활물류서비스 종사자
의 권익 증진 및 안전 강화, 소비자의 권익 증진을
위하여 노력하여야 하며, 이를 위한 정부의 시책에
적극 협력하여야 한다.

코로나19로 작아진
노동자 권리 찾기

코로나19 상황이 장기화되면서 '코로나 블루'라는 신조어가 등장하기에 이르렀다. 곧 '코로나19'와 우울한 기분을 뜻하는 영어 '블루Blue'가 합쳐져 만들어진 말이다. 사회적 거리두기의 장기화가 불러온 우울감을 나타내는 것이다. 장래를 알 수 없는 코로나19의 전망은 노동자의 삶에도 불안과 우울을 안겨주고 있다.

코로나19 발생 이후 관광업계 노동자들은 연차 소진, 순환 휴직, 휴업 및 단축 근무 등을 겪으며 일터에서 어떻게든 버티고 있지만, 전염병의 기세는 아직도 그칠 줄 모른다. 최근 제주를 방문하는 국내 여행객이 증가하면서 관광업 활성에 대한 약간의 기대감이 생기긴 했지만, 단체 여행이나 외국인을 주된 고객으로 삼았던 업체 노동자들의 상황은 여전히 제자리다. 관광업계가 직접적으로 가장 큰 타격을 입었고, 사회적 거리두기로 인한 일터의 공백은 서비스업계, 문화예술계, 체육계 등 다양한 분야의 노동자들에게 영향을 미치고 있다.

얇아진 지갑,
보이지 않는 끝

코로나19 같은 전염병으로 휴업할 경우 사업주는 노동자에게 평균임금 70퍼센트 수준의 휴업수당을 지급해야 한다. 현재 정부는 사업주 부담을 덜기 위해 노동자에게 지급해야 할 휴업수당의 90퍼센트를 '고용유지지원금'으로 지원하고 있지만 코로나19가 장기화되는 상황에서 불안한 고용은 현장에서 다양한 문제로 표출되고 있다. 특수고용으로 일하던 노동자는 고용보험 혜택을 보지 못하는 상황이고, 고용이 유지되고 있는 노동자도 그 실체를 들여다보면 사용자로부터 임금 삭감에 동의할 것을 강요받고 있다.

사용자가 부담해야 할 10퍼센트의 휴업수당(최저임금을

기준으로 하면 월 12만 원 수준)이 없다는 이유로 정부 지원금을 신청하지 않고 무급 휴업에 동의하라거나 권고사직 혹은 해고하는 경우도 있다. 휴업은 하지 않았지만 매출이 줄었다는 이유로 임금을 삭감한 사례, 최저임금을 받는 노동자가 임금 삭감 동의서를 작성한 사례도 있다. 법상 최저임금보다 낮은 수준으로 합의한 계약은 무효지만 현장에서는 이례적인 상황에서 고용을 담보삼아 불법 계약이 성행하고 있는 것이다. 사업장이 어렵다고 하니 고통 분담 차원에서 동의했다고는 하지만 노동자 대부분은 사업장이 얼마나 어려운지에 대한 정보가 없어 일방적 동의나 마찬가지다. 노동자의 지갑은 점점 얇아지는데 문제의 끝은 보이지 않고 있다.

정부재난지원금이 지급되었을 시기 저녁을 먹으려고 동네 식당을 방문하니 모처럼 손님이 꽉 들어차 있었다. 오래된 식당인지라 "여긴 코로나 여파가 없나요?" 하고 물으니 코로나 이후 처음으로 손님이 많았다면서 재난지원금 때문에 늘어난 것이라고 한다. 문제는 긴급재난지원금이 가져오는 내수경제 활성화는 잠시뿐이라는 점이다. 안정적인 내수 활성화를 위해서라도 소비의 주체인 노동자들의 지갑을 채우는 게 중요하다.

코로나19를 이유로
최저임금 깎으려는 경영계

2021년 최저임금을 결정하는 논의가 진행 중이었을 때다. '노-사-공'으로 구성된 최저임금위원회가 소집되었고, 경영계는 코로나19 위기에서 중소기업과 소상공인이 버티기 힘들다는 이유를 들어 삭감안을 내놓았다. 경영계가 제출한 최저임금 2.1퍼센트 삭감안은 시급 8410원으로 주 40시간을 기본으로 했을 때 월 3만 7000원가량의 임금이 줄어드는 안이었다. 〈최저임금법〉은 '최저임금을 이유로 종전의 임금을 낮추지 말 것'을 규정하고 있기에 경영계의 의견대로 삭감이 되더라도 기존 노동자를 제외한 2021년 신규 채용자에게만 적용된다. 경영계가 삭감안을 낸 것은 2009년 글로벌 금융위기 이후 처음이다.

반면 노동계는 경영계가 삭감안을 철회할 것을 요구하면서 코로나19 위기 상황에서 저임금 노동자에게 도움이 될 최저임금 1만 원 인상안을 제안했다. 매년 그래왔듯 공익위원 의견이 중요한 키로 작용했다. 지난 2009년 글로벌 금융위기 당시 사용자 측은 최저임금제도 도입 이후 최초로 5.8퍼센트의 삭감안을 내놓았는데, 최종적으로는 2.75퍼센트 인상안으로 결정되었다. 코로나19라는 예기치 않은 상황에서 최저임금을 어떻게 결정하는 게 바람직할까?

최저임금이 결정되면 노동자를 고용하는 1인 이상 모든 사업장에 적용된다. 최저임금은 국가 정책을 통해 소득 불평등을 막고 저임금 노동자를 보호하는 〈헌법〉에 근거한 제도이기 때문이다. 최저임금이 적용되는 "모든 사업장"에는 코로나19로 위기에 놓인 사업장도 있겠지만 코로나19와 무관하게 사업을 하고 있거나 오히려 코로나19 특수로 호황인 사업장도 있다. 코로나19로 정말 위기에 놓인 사업장에 대해서는 시급 180원 삭감보다 실질적 도움이 될 수 있는 제도를 마련해야 한다. 코로나19라는 위기에서 저임금 노동자의 임금을 하향평준화할 이유는 없다. 오히려 위기에 놓인 저임금 노동자의 임금을 인상하기 위한 방안을 마련해야 하지 않을까.

마스크 대란이 일던 시기 정부는 마스크 공장에 특별 연장 근로를 허용해 24시간 공장이 돌아가게 했고, 업체는 특수를 누렸다. 그러나 마스크를 생산한 노동자에게는 어떤 보상이 주어졌을까. 우리 사회에서 기업의 성과는 기업의 몫이요, 기업의 위기는 노동자의 몫이 된다. 여러 경제 위기를 겪으면서 소득 불평등이 오히려 심해지는 것은 이런 이유도 크게 작용한 것이리라.

노동자 블루의
예방을 위해

코로나19가 계속되면서 많은 이의 생활이 변화하고 있다. 특히 노동자의 고용 불안과 경제적 위축은 상대적으로 더 취약한 비정규직과 저임금 노동자에게서 두드러지게 나타나고 있다. 이제는 코로나19 이전으로 돌아가기 힘들 것이라고 전문가들은 예상한다. 그렇다면 코로나19가 야기하는 일터에서의 권리 침해는 어떻게 극복하는 것이 좋을까? 수개월 전 제주시 모 관광업체에서는 전 직원과 면담을 하면서 임금 삭감 동의서에 사인을 받아냈다. 당시 노동자들은 고용을 담보로 한 임금 삭감안에 반강제로 동의하긴 했지만 생각보다 기간이 길어져 이직하려 하니 임금 삭감에 동의한 것이 발목을 잡아 실업급여조차 받지 못하는 사태를 겪기도 했다.

이런 일을 방지하려면 코로나19를 이유로 사업장에서 부당한 요구나 서약을 강요받는 경우 어렵더라도 당당히 나의 권리를 요구해야 한다. 근로계약 내용을 저하시키는 것은 당사자의 동의 없이 불가능하다. 또 회사가 취업규칙을 불이익하게 변경시키는 경우라면 일대일이 아닌 전체 노동자의 동의가 반드시 필요하다.

코로나19로 고통 분담이 필요한 상황이라면 사업주에게 납득할 만한 설명과 객관적 정보를 요구해 주위 동료들과 해결 방안을 모색하자. 특수고용 노동자는 좀더 많은 노동자가 고용보험으로부터 보호받을 수 있도록 요구하자. 때로는 노동상담센터의 도움을 받는 것도 좋다. 코로나19 앞에서 작아진 노동자의 권리를 찾기 위해 함께해야 할 때다.

• 근로기준법 •

° 시행 2021. 7. 1. ° 법률 제15513호, 2018. 3. 20., 일부개정

제46조(휴업수당)

① 사용자의 귀책사유로 휴업하는 경우에 사용자는 휴업 기간 동안 그 근로자에게 평균임금의 100분의 70 이상의 수당을 지급하여야 한다. 다만, 평균임금의 100분의 70에 해당하는 금액이 통상임금을 초과하는 경우에는 통상임금을 휴업수당으로 지급할 수 있다.

② 제1항에도 불구하고 부득이한 사유로 사업을 계속하는 것이 불가능하여 노동위원회의 승인을 받은 경우에는 제1항의 기준에 못 미치는 휴업수당을 지급할 수 있다.

5장
노동자는 오늘도
돌아오지 못했다

°건강하게 일할
권리에 관해

일하다 생긴 골병,
산업재해입니다

학교 급식실에서 20년가량 일한 노동자가 있었다. 오른쪽 어깨 근육이 파열되어 치료를 위해 수술과 요양을 받았다. 오랜 기간 급식실에서 일했던 노동자는 이미 정년에 가까운 나이였다. '나이가 드니 몸 이곳저곳 고장 나는 거겠지' 싶어 그냥 넘길까도 했지만 혹시 몰라 우리 상담소로 문의를 해왔다. 우리는 일하다 발생한 질병이니 당연히 산업재해로 치료받으셔야 한다고 안내했고 근로복지공단에 신청한 결과 승인되었다. 수술비와 재활비 그리고 근무하지 못한 기간 동안 임금의 70퍼센트에 해당하는 요양급여도

받게 되었다.

물리치료사로 일하는 젊은 노동자 이야기도 있다. 재활 치료는 뇌졸중 환자 등 중증 환자의 치료 행위인데 물리치료사의 신체에 무척 부담이 되는 업무다. 물리치료사의 신체 부담을 완화하기 위해서는 적당한 휴식과 운동이 필수적이다. 하지만 중증 환자를 돌보는 과정에서 순간적으로 신체에 하중이 가해지는 경우가 있다. 물리치료사로 일하는 젊은 노동자는 중증 환자의 재활 치료를 위해 환자를 침대로 이동시키다가 순간적으로 허리에 하중이 실려 수술까지 받게 되었다. 당연히 근로복지공단에 산업재해 신청을 했고 승인되었다. 어떻게 보면 간단한 치료였지만 산업재해로 신청한 것은 후유증에 대비하기 위한 것도 있다.

매일 아침 도로변을 청소하는 대형 노면청소차가 있다. 노면청소차량을 운전하는 노동자는 도로변이 제대로 청소되고 있는지, 혹여나 장애물은 없는지, 도로변과 차량의 폭이 적정한지 지속적으로 응시하며 운전해야 한다. 오른쪽 방향과 사이드미러를 오랜 시간 고정된 자세에서 응시해야 하는 것이다. 상당 기간 노면청소차 운전을 하던 노동자는 이 때문에 목과 허리에 부상을 입었고 업무 연관성이 인정되어 산업재해로 승인되었다.

언급한 세 이야기는 지난 몇 년간 근골격계질환이 산업재해로 인정된 몇 사례 중 일부다. 근골격계질환이 산업재해로 인정되고 있긴 하지만 아직까지 근로복지공단에 산업재해 신청으로까지 가는 경우는 많지 않다. 주변 이야기를 듣다 보면 '그저 나이 먹어 생긴 골병'이라 생각하고 넘기는 경우도 있다. 하지만 근골격계질환도 업무 관련성이 인정되면 산업재해로 보상받을 수 있다. 근로복지공단에서도 근골격계질환을 산업재해로 인정하는 폭을 넓히는 추세다.

〈산업안전보건법〉에서는 반복 동작이 많은 업무, 무리한 힘을 가해야 하는 업무, 부적절한 자세를 유지해야 하는 업무 등을 '신체 부담 업무'로 규정하고, 이런 업무를 하다가 근육, 인대, 힘줄, 추간판, 연골, 뼈 등 근골격계에 질환이 발생하거나 악화된 경우 업무상 질병으로 보고 있다. 신체 부담 정도, 직업력, 간헐적 작업 유무, 비고정 작업 유무, 종사 기간, 질병 상태 등을 종합해 직업환경의학전문의 등 관련 전문가의 의견을 들어 판단한다.

일하는 사람이 아프면 산업재해다

한번은 미화 업무를 하는 고령층 여성 노동자들을 대상

으로 교육을 하던 중이었다. 산업재해와 관련된 이야기를 하다가 "선생님들 여기저기 쑤시다고 침 맞고 파스 바르고 다니시죠? 그런 것 다 산업재해가 될 수 있습니다. 생각해보세요. 내가 집에서 쉬면서 적당히 운동하면서 지냈다면 어땠을까요? 일하는 사람이 아프면 일단 산업재해예요. 4일 이상 요양이 필요한 정도면 보험도 적용됩니다"라고 설명했다. 그 순간 어르신들이 웅성거리더니 이내 여기저기서 수긍하는 반응을 보였다.

연령대가 있는 노동자가 만성 근골격계질환과 관련해 산업재해 신청을 하면 불승인되는 경우도 많다. 근로복지공단에서 근골격계 산업재해를 판단할 때 퇴행성을 동반하는 경우 당사자의 연령을 이유로 업무 관련성을 인정하지 않기도 하기 때문이다. 하지만 근골격계질환을 퇴행성질환이라는 이유로 개인에게 책임 지우지 않겠다는 것이 공단 기준이기도 하다. 공단 내부 지침에 따르면 퇴행성질환이라는 이유만으로 불승인 판단을 해서는 안 되며 반드시 업무 관련성을 보도록 하고 있다. 또 기존 질병이나 연령 증가에 따라 퇴행성에 변화가 있는 경우에도 해당 업무로 그 질환이 악화되었다는 것이 의학적으로 인정되면 업무상 질병으로 판단하고 있다.

사업장이 바뀌어도
근속기간은 인정

어린이집에서 영유아반을 오랫동안 맡아온 보육 노동자 사례다. 〈영유아보육법〉에 따르면 보육교사 한 명이 맡아야 하는 영유아 수는 1세 미만의 경우 3명에서부터 시작해 영유아의 연령에 따라 늘어난다. 만 2세 이상에서 만 3세 미만이면 교사 한 명이 7명의 영유아를 맡아야 한다. 상황이 이렇다 보니 보육 노동자에게도 다양한 근골격계질환이 발생하고 있다.

발꿈치 근골격계질환으로 수술과 요양을 받았다는 보육 노동자의 질문은 현재 어린이집에서 일한 지 몇 개월 되지 않았는데 산업재해로 인정될 수 있는지 여부였다. 일한 기간이 짧아 승인되지 않는 것 아니냐는 걱정이었는데, 추가로 확인해보니 이전 어린이집에서는 5년 이상 근무했다고 한다. 이런 경우 산업재해 여부를 판단하는 근속기간에 이전 직장의 것도 포함된다. 산업재해는 노동자 개인의 역사를 기준으로 판단하기 때문에 동일한 업무를 이전 직장에서도 해왔다면 그 기간까지 포함시켜 근속기간을 계산한다.

일하다 생긴 골병, 업무와 관련된 것이라면 적극적으로 산업재해 인정을 요구하자!

• 산업안전보건법 •

°시행 2021. 1. 16. °법률 제17326호, 2020. 5. 26., 타법개정

제39조(보건조치)

① 사업주는 다음 각 호의 어느 하나에 해당하는 건강 장해를 예방하기 위하여 필요한 조치(이하 "보건 조치"라 한다)를 하여야 한다.

　5. 단순 반복작업 또는 인체에 과도한 부담을 주는 작업에 의한 건강장해

• 산업안전보건기준에 관한 규칙 •

°시행 2021. 1. 16. °고용노동부령 제273호, 2019. 12. 26., 일부개정

제657조(유해요인 조사)

① 사업주는 근로자가 근골격계 부담작업을 하는 경우에 3년마다 다음 각 호의 사항에 대한 유해요인 조사를 하여야 한다. 다만, 신설되는 사업장의 경우에는 신설일부터 1년 이내에 최초의 유해요인 조사를 하여야 한다.

　1. 설비·작업 공정·작업량·작업 속도 등 작업장 상황

　2. 작업 시간·작업 자세·작업 방법 등 작업 조건

　3. 작업과 관련된 근골격계질환 징후와 증상 유무 등

② 사업주는 다음 각 호의 어느 하나에 해당하는 사유가 발생하였을 경우에 제1항에도 불구하고 지체

없이 유해요인 조사를 하여야 한다. 다만, 제1호의 경우는 근골격계 부담작업이 아닌 작업에서 발생한 경우를 포함한다.°개정 2017. 3. 3.

1. 법에 따른 임시 건강진단 등에서 근골격계질환자가 발생하였거나 근로자가 근골격계질환으로 〈산업재해보상보험법 시행령〉 별표 3 제2호 가목·마목 및 제12호 라목에 따라 업무상 질병으로 인정받은 경우

2. 근골격계 부담작업에 해당하는 새로운 작업·설비를 도입한 경우

3. 근골격계 부담작업에 해당하는 업무의 양과 작업 공정 등 작업환경을 변경한 경우

③ 사업주는 유해요인 조사에 근로자 대표 또는 해당 작업 근로자를 참여시켜야 한다

어느 현장실습
고교생의 죽음

 2019년 11월 19일, 제주학생문화원 잔디광장에 많은 사람이 모였다. 2년 전 현장실습 중 인재로 세상을 떠난 고故 이민호 학생 2주기에 맞춰 추모 조형물이 제막되는 날이다.

 2년 전, 필자가 속한 단체에서는 학생들과 함께 준비한 '제주에서 첫 번째, 청소년 노동인권캠프'를 열었다. 새로운 시도를 위해 프로그램 기획과 진행에 대한 권한을 함께 준비하던 고등학교 인권동아리 학생들에게 주었다. 주로 학생들이 준비했고 나머지는 뒤에서 실무적으로 지원하는 역할이었다. 그 결과, 자칫 경직될 수 있었던 자리가 노동인권에 대해 자유롭게 이야기할 수 있는 자리가 되었다.

제주 동부권의 특성화고 1~2학년 학생 40여 명이 모였는데, 아르바이트 경험을 토대로 직간접적으로 겪은 불합리한 것들을 이야기하면서 이를 해결하기 위한 개성 넘치는 해결책을 공유했다. 1박 2일간의 캠프를 마무리하고 집에 도착했을 즈음 전화 한 통을 받았다. 10일 전 현장실습 중 사고를 당한 서귀포산업과학고등학교 학생이 결국 사망했으며 부민장례식장에 빈소가 차려졌다는 비보였다.

어떻게 이런 일이 제주에서?

2017년 11월 9일, 현장실습 중에 사고가 났다는 소식을 듣고 가슴이 철렁했다. 특성화고 실습생의 사고는 이번만이 아니었기 때문이다. 이민호 학생의 사망 사고 이전에도 현장실습생의 죽음은 전국에서 잇따랐다. 2011년 기아자동차 광주공장에서 장시간 노동에 따른 뇌출혈로 뇌사 판정을 받은 뒤 지금까지 투병 중인 이, 2014년 CJ제일제당 진천공장에서 사내 괴롭힘과 폭행으로 목숨을 끊은 이, 2016년 서울 지하철 구의역 스크린도어 보수작업 중 사망한 이, 같은 해 현장실습생으로 성남 패밀리레스토랑에서 일하다가 5개월

만에 괴롭힘과 성희롱으로 스스로 목숨을 끊은 이, 2017년 LG유플러스 고객센터 근무 중 업무 스트레스로 역시 스스로 목숨을 끊은 이….

학생들에게도 노동인권이 보장되어야 한다고 주장했던 필자조차 '설마, 우리 지역에서 이런 일이 일어나겠어?'라고 안일하게 생각했던 것 같다. 육지에 비해 산업체 파견 형태의 현장실습 비율이 현저히 낮았고, 산업체로 가더라도 서비스업 비중이 높으니 상대적으로 사고 위험이 적을 것이라고 은연중 생각한 것이다. 다른 지역에서 일어나는 잇단 죽음에 대해 우리도 무언가 대응이 필요하다고 막연하게만 생각하던 찰나였다. 또래들과 함께 노동인권에 대해 웃으며 이야기하고 돌아오자마자 듣게 된 현장실습생의 소식은 충격이었다.

사망 직후, 진상 규명과 재발 방지를 위해 제주 지역 공동대책위원회를 설립하자고 제안했다. 지역의 노동단체, 농민단체, 학부모단체, 시민사회단체, 정당 등 26개 단체가 함께 뜻을 모아 활동을 시작했다. 전국 각지에서도 추모의 촛불을 들었다. 서울에서부터 인천, 광주, 전북, 전남, 대구, 부산에 이르기까지 각 지역의 청소년들과 시민들이 촛불로 힘을 보태주었다. 이민호 학생이 모셔진 부민장례식장에는 여야 대표를 비롯해 다녀가지 않은 사람이 없을 정도로 붐볐다. 정치인들은 하나같이 유족 손을 잡고 재발 방지를 위해 애쓰겠다고 했다.

12월 1일, 문재인 대통령이 현장실습생에 대한 정부 차원의 대책 마련을 공식석상에서 언급하고, 김상곤 당시 교육부 장관이 현장실습제 폐지를 선언했지만, 나중에 보니 결국 반쪽짜리 폐지였다. 특성화고 학생들은 여전히 '학습 중심 현장실습'이라는 명목으로 산업체에 조기에 들어가야 이후 취업을 보장받을 수 있는 구조에 놓여 있다.

사고가 잊히면서 교육부의 정책은 다시 되돌이표

사망 사고로부터 일 년, 정부의 현장실습제도는 과거로 역행했다. 신임 교육부 장관은 안전을 강조하다 보니 학생들의 취업률이 떨어져서 취업률을 높이기 위해 보완이 불가피하다고 했다. 그 결과 산업체에 부여된 최소한의 형식적 안전 의무는 완화되었고, 오히려 현장실습생을 받는 기업에게 인센티브를 주는 친기업적 개정안이 나왔다.

이민호 학생의 사망 이후 전국에 흩어져 있던 현장실습생 피해 유족들이 한자리에 모였다. 정부의 후퇴된 정책에

대해 "제발 우리 아이의 죽음을 헛되이 하지 말아달라"면서
맞섰다. 2019년 1월에 서울상공회의소에서 열린 전국의 특
성화고 교장선생님을 대상으로 열린 현장실습 개선 방안 설
명회에서도 유족들은 울부짖었다. 이 자리에 참여한 한 교
장선생님은 유족에게 오히려 소리를 질렀다.

"이제 설명회를 해야 하니 그만 좀 하세요!"

특성화고의 현장실습을 책임지는 교장 입장에서 알지
못하는 아이의 죽음은 그저 쉽게 잊히는 일인가. 자신이 속
한 학교에서는 이와 같은 비극이 발생하지 않을 거라고 안
일하게 생각하고 있는 것인가?

학생을 값싼 노동력으로
착취하는 현대사회

너나없이 4차 산업을 이야기하고 있지만 현대사회가 유
지되는 한 산업사회를 지탱하는 노동의 필요성이 가벼워지
지는 않을 것이다. 4차 산업을 지탱하고 있지만 주인공은
되지 못한 노동은 왜 이토록 계속 처참해야 하는가. 학생들
을 값싼 노동 현장에 투입하는 경우는 비단 한국만의 일은
아니다. 아이폰을 생산하는 중국 폭스콘에서도, 애플워치를
만드는 대만 콴타컴퓨터에서도 직업학교와 결탁해 '인턴십'

이라는 명목으로 고등학생들의 노동력을 착취하고 있다.

기업은 값싼 노동력을 제도적으로 제공받은 뒤 이들을 학습시켜 말 잘 듣는 성인 노동자로 배출시킨다. 그 과정에서 현장실습생은 안전하지 못한 일터와 구조화된 폭력에서 탈출하지 못하고 그 자리에서 스러지거나 불합리에 순응하는 노동자로 변해간다.

이민호 학생의 죽음 이후 제주도교육청의 이석문 교육감은 "학생을 노동력 제공 수단으로 활용하는 모든 형태의 산업체 파견형 현장실습을 하지 않겠다"고 확인하면서 학생문화원에 추모 조형물을 세우기로 제주대책위와 합의했다. 최소한 제주에서만큼은 현장실습제도로 아이들을 착취하지 말자는 취지였다.

다시는 이런 비극이 없도록, 이민호 학생의 손을 잡고 잊지 말자

학생문화원의 조형물이 된 이민호 학생은 오른팔을 내밀고 있다. 힘차게 내미는 팔은 아니다. 무표정한 얼굴에 어깨는 살짝 처져 있다. 다리에는 힘이 없다. 이민호 학생이 현장실습생으로 겪었던 슬픔을 담아낸 것이다. 무표정한 얼굴은 장시간 노동이 안긴 고된 삶을, 처진 어깨와 풀린 다리는 똑바로 서 있을 힘조차 없는 상태를 의미한다. 힘들지만 어렵게 뻗은 오른손은 다시는 자신과 같은 슬픔이 없도록 살아남은 자들에게 연대를 바라는 손이다.

2019년 11월 19일, 이민호 학생 2주기에는 많은 사람이 모여 함께 손을 잡았다. 이민호 학생의 부모는 그해 겨울 이후 자식의 죽음을 헛되게 하지 않겠다는 일념으로 모든 현장실습생의 부모를 자처했다. 전국을 다니며 현장실습제도의 문제점과 개선 방안을 알리는 '유족 이야기 마당' 같은 활동을 이어가고 있다. 언젠가 제주를 찾는다면 제주학생문화원을 방문해 민호와 그의 부모님 손을 함께 잡아주었으면 좋겠다.

현장실습생의 잇따른 죽음은 2017년
이민호 학생의 죽음 이전부터 이어져왔다.
학교는 취업률을 높이기에 급급했고,
교육부는 전공과 관계없는 현장실습도 가능하게끔 했다.
말은 현장실습이었지만 실제로는 조기 취업이었고,
기존의 노동자들과 똑같이 일을 해야 했다.
아니, 오히려 더 많은 일을 해야 했다.
이민호 학생 역시 공장에 딸린 기숙사에 거주하면서

비상 상황 때마다 불려 가야 했다.

홍수연 학생은 모두가 기피하는 해지방어 부서로
편입되었다.

현장실습생을 구조적으로 괴롭히는 조직문화가 존재했고,
실습생들은 장시간 노동, 부당한 지시와 압박에 대하여
거부하는 법을 배우지 못해 탈출하지 못했다.

그동안 알려진. 그리고 알려지지 않은 모든 현장실습생의
죽음과 아픔을 추모하며 다시는 제2, 제3의 민호가 없도록
하겠다는 우리의 다짐을 다시 한번 되새긴다.

-이민호 학생 2주기 추모 전시 중

· 대한민국헌법 ·

°시행 1988. 2. 25. °헌법 제10호, 1987. 10. 29., 전부개정

제10조

모든 국민은 인간으로서의 존엄과 가치를 가지며, 행복을 추구할 권리를 가진다. 국가는 개인이 가지는 불가침의 기본적 인권을 확인하고 이를 보장할 의무를 진다.

제32조

⑤ 연소자의 근로는 특별한 보호를 받는다.

다시는 우리와 같은
아픔이 없기를

다시는….

최근 어느 모임이 발족했다. 모임 이름이 '다시는'이다. 산업재해로 가족을 잃은 유가족과 피해자들의 네트워크다. 다시는 다른 이들이 산업재해로 소중한 가족을 잃는 아픔을 겪지 않았으면 하는 바람에서 지어진 이름이다. 2017년 제주 제이크리에이션 음료공장에서 현장실습 중 사망한 이민호 군의 부모를 포함해 10년 전 삼성전자에서 일하다가 백혈병으로 사망한 황유미 님의 부모, 2017년 전주 콜센터에서 직장 괴롭힘으로 사망한 홍수연 님의 아버지, 2018년 태안화력발전소에서 일하다 기계에 끼어 사망한 김용균 님의 부모까지 많은 가족이 함께하고 있다.

우리는 한 해에 2000명 이상이 일하다 죽는 나라에 살고 있다. 산업재해공화국이라 불릴 정도로 많은 사람이 일하다가 다치거나 병들어 죽어가고 있다. 하지만 더이상의 피해를 막기 위한 노력은 부족해 보인다. 반복되는 사고가 이를 증명한다. 2017년 이민호 군의 사망 이후 채 일 년이 되지 않아 같은 사고로 삼다수공장에서 30대 노동자가 사망했다. 노동부는 그제야 전국 62개 생수공장을 집중 점검하겠다고 발표했지만 해당 사고는 음료를 만들거나 플라스틱 용기에 액체를 담아 생산하는 모든 자동화 공정에서 일어날 수 있는 것이었다. 언론은 앞다투어 노동부의 집중 점검이 있을 것이라는 기사를 냈는데, 집중 점검 결과가 어땠는지에 대한 기사는 찾기 힘들었다. 또 하나의 죽음이 잊히는 듯해 아픈 대목이다.

산업재해 줄이려면

2019년 1월 들어서야 이민호 군의 사망 사고가 발생한 기업의 사업주에 대한 1심 선고가 있었다. 세 차례에 걸친 공판을 통해 사고가 난 기계의 오류가 매우 잦았지만 그동안 회사에서 기계를 정비하려는 시도조차 없었다는 사실이 밝혀졌다. 특별근로감독을 실시했던 회사에서는 총 594건의 〈산업안전보건법〉 위반 사항이 나왔다. 사업주가 그 많은 안전조치 중 어느 하나만 제대로 해놓았어도 사고는 일어나지 않았을 것이다. 현장관리자 없이 현장실습생에게 업무를 떠맡기고 안전을 소홀히 하다 급기야는 학생을 사망에 이르게 한 사업주에게 중형이 내려지기를 내심 기대했지만 이변은 일어나지 않았다. 사업주와 공장장에게는 집행유예가 떨어졌고 회사 법인에는 2000만 원의 벌금이 부과되었을 뿐이다. 검사 측에서 즉각 항고했고 2심이 열렸지만 1심과 같은 형량이 유지되었다.

많은 이가 죽음의 행렬을 막기 위해서는 솜방망이 처벌이 아닌 강력한 처벌이 필요하다고 말한다. 실제로 영국과 미국에서는 노동자의 사망 사고가 발생할 경우 기업이 휘청거릴 정도의 벌금형에 처하는 제도가 운영되고 있다. 기업이 안전한 일터를 만드는 비용보다 노동자의 목숨값을 지불하는 것이 훨씬 저렴한 대한민국 구조에서는 노동자의 안전을 보장할 수 없다. 그런 이유로 '다시는' 모임의 유가족들은 '중대재해기업처벌법'의 조속한 도입이 필요하다고 입을 모은다.

만약 내 일이었다면

'다시는' 가족들이 모이면 공통으로 하는 이야기가 있다. "텔레비전에서만 보던 유가족이 내가 될 줄은 꿈에도 몰랐다"는 것이다. 내 일이 아니라고 생각했기에 뉴스에서 사고 소식이 들려오면 "안타깝네"라고만 읊조리고 더이상 관심을 갖지 않은 것이 후회된다고도 했다. 국민 모두가 관심을 가지면 노동자가 조금 더 안전하게 일할 수 있는 환경으로 법과 제도가 바뀌었을 것이고, 우리 가족의 죽음으로까지 연결되지 않았을 것이란 생각에서다.

'다시는' 가족들은 노동자의 건강권을 규정하는 〈산업안전보건법〉 등 제도와 정책에 대한 의견을 지속적으로 피력한다. 그런데 다시는 이런 사고가 일어나지 않도록 하기 위해 토론회나 기자회견을 열었다는 기사가 나오면 그 아래에 "위로는 하지만 정치적으로 이용하지 마세요"라는 식의 댓글이 심심치 않게 달린다. 하지만 죽음의 원인이 사회구조에 기인하는 상황이라면 유가족이 정치적 의견을 내야만 반복되는 죽음을 막을 수 있지 않을까. 이민호 군이 사망했을 때나 김용균 님이 사망했을 때에도 여야를 막론하고 정치인들의 발길은 장례식장으로 향했고, 그들은 유족의 손을 잡으며 재발 방지를 약속했다.

다시는 노동인권이
침해되지 않도록

'다시는'이란 단어에 깊은 여운이 남는다. 사고 원인에 대한 진상 규명과 재발 방지를 통해 다시는 같은 아픔이 일어나지 않도록 하자는 의미를 품고 있기 때문이다. 다시는…, 다시는…. 곱씹어볼수록 많은 의미를 내포하는 단어다.

대학에 다니며 스크린골프장에서 아르바이트를 했던 학생을 상담한 적이 있다. 사장은 CCTV를 설치해 일하는 것을 사사건건 감시했고, 임금을 체불하는 등 부당한 처우를 일삼았다. 학생은 노동부에 진정을 준비 중이었다.

"다시는 그 사장이 저 같은 피해자를 만들지 않았으면 좋겠어요!"

학생은 부당한 대우를 당하고도 그냥 넘어간다면 제2, 제3의 피해자가 나올 수 있기에 끝까지 문제 제기를 해서 사장이 잘못하고 있다는 것을 알려주겠다는 의지를 내보였다. 그렇게 말하며 눈을 반짝이던 학생의 얼굴이 떠오른다.

산업재해 피해 가족 네트워크 '다시는'의 활동이 본격화되고 있다. 김용균 님의 죽음으로 개정된 〈산업안전보건법〉이 다양한 현장에서 일하는 모든 노동자의 안전을 보장할 수 있도록 의견을 모으고 목소리를 내고 있다. 현장실습생의 목숨을 담보로 하는 제도의 문제점에 대해 당사자들과 만나는 지역별 유가족 간담회도 진행 중이다. 다시는 같은 아픔을 겪는 사람이 없었으면 좋겠다는 유가족들의 마음이 많은 이에게 귀감이 되었으면 한다.

(이후 다시는 네트워크를 비롯해 세월호·가습기살균제·스텔라데이지호 등 산업재해 및 사회적 재난참사 피해 가족들과 노동·시민단체가 주축이 되어 노력한 결과 〈중대재해 처벌 등에 관한 법률〉이 제정되었다. 이 법의 시행은 2022년 1월 27일부터다.)

• 중대재해 처벌 등에 관한 법률 •

°시행 2022. 1. 27. °법률 제17907호, 2021. 1. 26., 제정

제1조(목적)

이 법은 사업 또는 사업장, 공중이용시설 및 공중교통수단을 운영하거나 인체에 해로운 원료나 제조물을 취급하면서 안전·보건 조치의무를 위반하여 인명피해를 발생하게 한 사업주, 경영책임자, 공무원 및 법인의 처벌 등을 규정함으로써 중대재해를 예방하고 시민과 종사자의 생명과 신체를 보호함을 목적으로 한다.

가족은 돌봐도
나는 돌볼 수 없는 노동법?

소원을 빌 기회가 오면 항상 바라는 게 있다. '나와 주변 사람 모두 아프지 않고 건강하게 지내게 해달라'는 것. 예전에는 물질적인 것을 주로 추구했는데, 이제는 건강이 제일 중요하게 느껴진다. 꼭 나이 탓만은 아니리라.

〈남녀고용평등과 일·가정 양립 지원에 관한 법률〉에는 가족돌봄휴직제도가 있다. 가족이 질병을 앓거나 사고로 다쳤을 때, 또 노령으로 보호가 필요할 때 가족을 돌볼 수 있도록 규정한 것으로, 노동자의 경력 단절 문제를 해소하기 위해 도입된 제도다. 가족돌봄휴직은 1개월 이상 단위로 연간 90일까지 사용할 수 있다. 사업주의 동의가 있어야 하지만, 사업에 큰 지장이 없는 한 가족돌봄휴직을 부여하도록 권유하고 있다. 휴직만이 아니라 필요한 경우 '가족돌봄 근로시간 단축'제도를 이용할 수도 있다. 2020년부터는 법이 개정되어 가족 범위에 조부모까지 포함하고 연간 10일의 가족돌봄휴가제도도 신설되었다.

그런데 내가 부양해야 할 가족이 아닌 내가 아프다면? 직장에서 일하다가 아픈 경우에는 관련 법규에 따라 산업재해 보상을 받으면 된다. 치료를 위해 일을 쉬었을 때는 병원비와 급여 일부가 지급된다. 이 기간 노동자는 충분한 휴식을 취해야 하기 때문에 치료에 집중할 수 있도록 해고할 수 없다. 다만, 장기간 요양을 필요로 하는 상병이거나 장애가 남아 기존 업무를 진행할 수 없을 때에는 일정 절차에 따라 근로계약 해지가 가능하다. 그러나 살면서 얻는 질병이 모두 산업재해에 해당하는 건 아니다. 또 업무상 원인으로 얻게 된 질환이더라도 인과관계가 증명되지 않으면 개인 질환이 되어버린다. 그 밖에 생활상 위험 요소로 안전을 위협받는 경우도 많다. 회복이 불가능한 질환을 얻기도 하지만, 독감이나 단순 골절 같은 비교적 간단한 치료를 통해 완치가 가능한 질환을 앓는 경우도 부지기수다.

업무에서 야기된 질환이 아닌
개인 질환으로 회사를 쉬어야 한다면?

업무에서 야기된 질환이 아닌 개인 질환으로 회사를 쉬어야 한다면 노동자는 어떤 보호를 받을 수 있을까? 안타깝게도 지금의 법으로는 보호받을 수 없다. 〈근로기준법〉에는 업무 이외 질환으로 병가를 쓰는 것에 대한 규정이 없기 때문에 취업규칙이나 단체협약에 지정해놓곤 한다. 한 매체의 조사에 따르면, 유급 병가를 보장하는 기업은 전체의 7.3퍼센트에 불과하며, 유급이든 무급이든 어쨌든 병가를 보장하는 기업은 절반이 조금 넘는 57.8퍼센트였다. 취업규칙이나 단체협약에 병가 규정이 명시되어 있지 않다면 아파도 마음대로 쉬지 못한다. 사업주가 호의를 베풀 때에야 어쩔 수 없이 연차를 몰아 쓰며 쉴 수 있을 뿐이다.

상담을 하다 보면 개인 상병으로 휴가를 쓰지 못해 회사에서 잘렸거나 회사를 그만두고 실업급여를 받기 위해 상담을 요청한 경우를 종종 접한다. 개인 상병으로 출근하지 못한 기간을 결근으로 처리해 해고나 사직을 권유하는가 하면, 강제로 사직서를 받아가는 경우도 왕왕 있다. 이 경우 실업급여 혜택을 받는 과정이 만만치 않다.

지금까지 나온 이야기를 정리하자면, 현행법에서는 가

족을 돌볼 근거 조항이 마련되어 있어 그 상병이 어떻게 발생했든 묻지도 따지지도 않지만, 본인의 상병을 돌보기 위한 제도는 없다.

사정이 이렇다 보니 제도적 보호를 받지 못하는 노동자는 치료가 필요한 상황인데도 이를 미루거나 참는다. 충분한 치료를 받았다면 완치되었을 질병이 장기간 이어지는 것이다. 충분한 치료를 받은 뒤 다시 일터로 돌아갈 수 있도록 보장하는 법적 권리가 하루속히 도입되어야 하는 이유다. 가족은 돌봐도 나는 돌볼 수 없는 노동법. 이제는 바뀌어야 한다.

• 남녀고용평등과 일·가정 양립 지원에 관한 법률 •
°시행 2021. 5. 18. °법률 제18178호, 2021. 5. 18., 일부개정

제22조의 2(근로자의 가족 돌봄 등을 위한 지원)

① 사업주는 근로자가 조부모, 부모, 배우자, 배우자의 부모, 자녀 또는 손자녀(이하 "가족"이라 한다)의 질병, 사고, 노령으로 인해 그 가족을 돌보기 위한 휴직(이하 "가족돌봄휴직"이라 한다)을 신청하는 경우 이를 허용하여야 한다. 다만, 대체 인력 채용이 불가능한 경우, 정상적인 사업 운영에 중대한 지장을

초래하는 경우, 본인 외에도 조부모의 직계비속 또는 손자녀의 직계존속이 있는 경우 등 대통령령으로 정하는 경우에는 그러하지 아니하다.

°개정 2012. 2. 1., 2019. 8. 27.

② 사업주는 근로자가 가족(조부모 또는 손자녀의 경우 근로자 본인 외에도 직계비속 또는 직계존속이 있는 등 대통령령으로 정하는 경우는 제외한다)의 질병, 사고, 노령 또는 자녀의 양육으로 인하여 긴급하게 그 가족을 돌보기 위한 휴가(이하 "가족돌봄휴가"라 한다)를 신청하는 경우 이를 허용하여야 한다. 다만, 근로자가 청구한 시기에 가족돌봄휴가를 주는 것이 정상적인 사업 운영에 중대한 지장을 초래하는 경우에는 근로자와 협의하여 그 시기를 변경할 수 있다. °신설 2019. 8. 27.

③ 제1항 단서에 따라 사업주가 가족돌봄휴직을 허용하지 아니하는 경우에는 해당 근로자에게 그 사유를 서면으로 통보하고, 다음 각 호의 어느 하나에 해당하는 조치를 하도록 노력하여야 한다.

°신설 2012. 2. 1., 2019. 8. 27.

1. 업무를 시작하고 마치는 시간 조정
2. 연장 근로의 제한
3. 근로시간 단축, 탄력적 운영 등 근로시간의 조정

4. 그 밖에 사업장 사정에 맞는 지원 조치

④ 가족돌봄휴직 및 가족돌봄휴가의 사용 기간과 분할 횟수 등은 다음 각 호에 따른다.

°신설 2019. 8. 27., 2020. 9. 8.

1. 가족돌봄휴직 기간은 연간 최장 90일로 하며, 이를 나누어 사용할 수 있을 것. 이 경우 나누어 사용하는 1회의 기간은 30일 이상이 되어야 한다.

2. 가족돌봄휴가 기간은 연간 최장 10일(제3호에 따라 가족돌봄휴가 기간이 연장되는 경우 20일 [〈한부모가족지원법〉 제4조 제1호의 모 또는 부에 해당하는 근로자의 경우 25일] 이내)로 하며, 일 단위로 사용할 수 있을 것. 다만, 가족돌봄휴가 기간은 가족돌봄휴직 기간에 포함된다.

3. 고용노동부 장관은 감염병의 확산 등을 원인으로 〈재난 및 안전관리 기본법〉 제38조에 따른 심각단계의 위기경보가 발령되거나, 이에 준하는 대규모 재난이 발생한 경우로서 근로자에게 가족을 돌보기 위한 특별한 조치가 필요하다고 인정되는 경우 〈고용정책 기본법〉 제10조에 따른 고용정책심의회의 심의를 거쳐 가족돌봄휴가 기간을 연간 10일(〈한부모가족지원법〉 제4조 제1호에 따른 모 또는 부에 해당하는 근로자의 경우

15일)의 범위에서 연장할 수 있을 것. 이 경우 고용노동부 장관은 지체 없이 기간 및 사유 등을 고시하여야 한다.

⑤ 제4항 제3호에 따라 연장된 가족돌봄휴가는 다음 각 호의 어느 하나에 해당하는 경우에만 사용할 수 있다. °신설 2020. 9. 8.

1. 감염병 확산을 사유로 〈재난 및 안전관리 기본법〉 제38조에 따른 심각단계의 위기경보가 발령된 경우로서 가족이 위기경보가 발령된 원인이 되는 감염병의 〈감염병의 예방 및 관리에 관한 법률〉 제2조 제13호부터 제15호까지의 감염병 환자, 감염병의사 환자, 병원체보유자인 경우 또는 같은 법 제2조 제15호의 2의 감염병의심자 중 유증상자 등으로 분류되어 돌봄이 필요한 경우

2. 자녀가 소속된 〈초·중등교육법〉 제2조의 학교, 〈유아교육법〉 제2조 제2호의 유치원 또는 〈영유아보육법〉 제2조 제3호의 어린이집(이하 이 조에서 "학교 등"이라 한다)에 대한 〈초·중등교육법〉 제64조에 따른 휴업 명령 또는 휴교 처분, 〈유아교육법〉 제31조에 따른 휴업 또는 휴원 명령이나 〈영유아보육법〉 제43조의 2에 따른 휴원 명령으로 자녀의 돌봄이 필요한 경우

3. 자녀가 제1호에 따른 감염병으로 인하여 〈감염병의 예방 및 관리에 관한 법률〉 제42조 제2항 제1호에 따른 자가自家 격리 대상이 되거나 학교 등에서 등교 또는 등원 중지 조치를 받아 돌봄이 필요한 경우

4. 그 밖에 근로자의 가족돌봄에 관하여 고용노동부 장관이 정하는 사유에 해당하는 경우

⑥ 사업주는 가족돌봄휴직 또는 가족돌봄휴가를 이유로 해당 근로자를 해고하거나 근로 조건을 악화시키는 등 불리한 처우를 하여서는 아니 된다.

°신설 2012. 2. 1., 2019. 8. 27., 2020. 9. 8.

⑦ 가족돌봄휴직 및 가족돌봄휴가 기간은 근속기간에 포함한다. 다만, 〈근로기준법〉 제2조 제1항 제6호에 따른 평균임금 산정기간에서는 제외한다.

°신설 2012. 2. 1., 2019. 8. 27., 2020. 9. 8.

⑧ 사업주는 소속 근로자가 건전하게 직장과 가정을 유지하는 데에 도움이 될 수 있도록 필요한 심리상담 서비스를 제공하도록 노력하여야 한다.

°개정 2012. 2. 1., 2019. 8. 27., 2020. 9. 8.

⑨ 고용노동부 장관은 사업주가 제1항 또는 제2항에 따른 조치를 하는 경우에는 고용 효과 등을 고려하여 필요한 지원을 할 수 있다.

°개정 2010. 6. 4., 2012. 2. 1., 2019. 8. 27., 2020. 9. 8.

⑩ 가족돌봄휴직 및 가족돌봄휴가의 신청 방법 및 절차 등에 관하여 필요한 사항은 대통령령으로 정한다.

°신설 2012. 2. 1., 2019. 8. 27., 2020. 9. 8.

°본조 신설 2007. 12. 21.

상식을 확인하기까지
걸린 시간, 10년

#1.

2010년 A씨는 출산을 했다. 출산 직후 의사로부터 아이가 선천성 심장질환을 갖고 태어났다는 이야기를 들었다. 출산하기 전에는 발견할 수 없는 질환이었다. 제주에서는 치료할 곳이 없어 아이를 살리기 위해 갓 태어난 아이를 비행기에 태우고 서울로 가야 했다. 비슷한 시기 같은 직장에 다니던 세 명의 동료 역시 선천성 심장질환을 가지고 태어났다.

#2.

2009년 B씨는 유산의 아픔을 겪었다. 머릿속으로 온갖 생각이 스쳐 지나갔다. 죄책감과 괴로움도 몰려왔다. 그런데 주변 동료들이 같은 고통을 겪는 일이 많았다. 일반적인 상황이 아니었다. 나중에 안 사실이지만 당시 장시간 근무와 교대 근무, 유해한 약품에 노출된 것이 유산에 영향을 끼쳤다고 한다.

2009년에서 2010년 사이 제주의료원에서는 임신한 간호사들의 유산과 이상 징후가 급격이 증가했다. 2009년에 임신한 간호사 15명 중 6명만 건강한 아이를 출산했다. 4명은 선천성 심장질환을 가지고 태어났고 5명은 유산되었다. 선천성 심장질환아 출산율이 일반 인구에 비해 14.6배가 높았다. 문제를 감지한 노동자들은 2010년 제주도청 앞에서 천막농성을 벌였고, 노사합의를 이끌어내 제3의 기관(서울대학교)에서 역학조사를 실시했다. 그 결과 '제주의료원의 집단 유산 등이 업무상 연관이 있음'이 확인되었다. 제주의료원 간호사들이 임신 초기에 업무상 유해한 요소에 노출되어 유산하거나 선천성 심장질환아를 출산했다는 결과였다.

일하는 과정에서
노출된 유해 요소

2009년에서 2010년 사이 제주의료원에서는 신규 약품이 도입되어 사용되었고 몇몇 유해 약품의 사용량이 늘어났다. 중증질환자가 알약을 삼키지 못하는 경우 간호사가 막자에 알약을 빻아 복용하도록 도왔다. 이 과정에서 임신한 간호사들이 그대로 생식독성 의약품에 노출된 것이다.

생식독성이란 인체의 생식 기능 및 생식 능력이나 태아의 발생·발육에 유해한 영향을 주는 성질을 의미한다. 당시 노출된 독성물질의 위험성은 매우 높은 것이었지만 이를 위한 예방 활동은 없었다. 사전에 관련 성분과 취급에 대한 안전교육도 이뤄지지 않았다.

미국 식품의약국FDA은 임산부에 영향을 미치는 의약품을 5개의 등급으로 분류하는데 그중 가장 독성이 심한 등급을 X등급으로 나눈다. X등급 약품은 인체와 동물 모두에게서 태아의 기형을 일으키는 것으로 증명되었다. 당시 제주의료원 간호사들이 분쇄하던 약품 중에는 X등급이 17종, 그 바로 전 단계인 D등급이 37종 포함되어 있던 것으로 확인되었다. 2011년 간호사들의 약품 분쇄작업을 폐지한 이후, 유산이나 선천성 심장질환아를 출산한 사례가 급격이 감소한 사실은 유해 약품이 태아에 끼친 영향을 방증한다.

약품 분쇄작업 말고도 인력 부족으로 장시간 노동이 빈번했고, 의료원의 경영난으로 임금이 체불되고 고용이 불안정해지는 등 직무 스트레스도 원인으로 꼽혔다. 2012년, 당사자들은 근로복지공단에 산업재해 신청을 했다. 그리고 2014년 12월, 근로복지공단은 유산에 대한 산업재해를 승인했다. 그러나 선천성 심장질환아 출산에 관해서는 다른 방향으로 일이 전개되었다.

태아에게 요구된
노동자 인지 여부

근로복지공단은 선천성 심장질환아 출산에 대해 "업무상 재해는 근로자 자신의 부상, 질병, 장해, 사망 등을 의미하며 자녀는 근로자가 아니므로 산업재해보험 대상이 아니"라고 판단하며 불승인 처분을 내렸다. 이에 대해 1심 재판부는 태아의 질병도 산업재해에 해당한다며 노동자의 손을 들어주었지만 2심 재판부는 반대의 판단을 내린다.

2심 재판부는 출산하는 순간 태아와 모체가 완벽히 분리되는 것으로 해석했다. 출산아의 선천성 질병은 출산아의 질병일 뿐 근로자 본인의 질병이 아니므로 업무상 재해라 할 수 없고, 따라서 별도의 인격체(제주의료원 산업재해 신청 노동자, 출산아의 어머니)를 산업재해 수급권자로 볼 수 없다는 이유였다. 그렇다면 갓 태어난 출산아가 근로복지공단에 산업재해 신청이라도 했어야 한다는 말인가? 상식적으로 이해되지 않는 판단이었다.

더군다나 현행 산업재해보험제도는 요양급여 대상자가 반드시 근로자여야 할 것을 요건으로 하고 있지도 않다. 잠복기가 20~40년에 달하는 석면 피해가 퇴직 후 발현되었다 하더라도 산업재해로 보고 있다. 곧 퇴직자의 산업재해도 인정하는 것이다. 또 산업재해로 노동자가 사망한 경우라도 산업재해법상 노동자가 아닌 유족에게 유족급여를 지급하는 것이 현행 산업재해보험제도가 운용되는 방식이다. 출산아의 선천성 질병이 모체母體의 업무상 유해 요인에 기인해 발생한 것이라면 당연히 산업재해로 인정되어야 하는 것이 법의 취지이고 사회적 상식이다.

늦었지만 의미 있는 대법원 판결

제주의료원 노동자들은 끝까지 포기하지 않았다. 그 판결은 4명의 노동자에 대한 판결이기도 하지만 모든 노동자에 해당하는 판결이기도 했다.

2012년 최초로 산업재해 신청이 이뤄졌고, 2014년 1심 판결(산업재해 인정), 2016년 2심 판결(산업재해 불인정)을 거쳤다. 그리고 사건이 발생한 지 10여 년 만인 2020년 4월 29일 대법원 판결이 나왔다. 대법원은 산업재해보험제도의 취지와 성격 그리고 여성 노동자 및 모성 보호를 명시한 〈헌법〉의 취지를 종합해 여성 노동자와 태아는 임신과 출산 과정에서 업무상 유해 요소로부터 충분한 보호를 받아야 한다고 보았다. 산모와 태아는 '본성상 단일체'이므로 태아의 질병은 산업재해에 해당하며 이는 출산을 통해 산모와 태아가 분리되었더라도 이미 성립한 요양보험 수급관계가 소멸된다고 볼 것은 아니라고 판단했다. 쉽게 말해 임신한 상태에서 태아에게 산업재해가 발생했는데 출산해서 분리되었다는 이유로 산업재해를 부정할 수는 없다는 것이다. 이번 판결은 태아의 건강손상 또는 출산아의 선천성 질환이 노동자의 업무상 재해에 포함되는지 여부에 대한 최초의 판례이자 10년간의 지난한 투쟁의 결실이라고 할 수 있다.

10여 년이 지나는 동안 태아의 질병을 산업재해로 인정하는 것에 대해 사회적으로 다양한 논의가 진행되었고 입법이 시도되었다. 2019년 국가인권위원회는 제주의료원 사건에 대해 업무상 재해로 인정하는 것이 바람직하다는 의견서를 대법원에 제출하기도 했다. 노동부에서도 태아의 산업재해를 인정하는 제도가 필요하다는 입장이었지만, 적극 추진되지는 않았다. 태아의 산업재해를 인정하는 〈산업재해보상보험법〉 개정안이 발의되었지만 여전히 국회에서 보류 중이다.

이번 대법원 판결을 계기로 그동안 미뤄왔던 〈산업재해보상보험법〉 등 관련 법과 제도가 빠르게 정비되길 바란다. 또 노동자들은 이번 사례를 통해 사업장 주변의 유해 요인에 대한 민감함을 높일 수 있는 계기가 되었으면 좋겠다. 아직도 여러 노동자가 알려지지 않은 유해 요인에 너무 많이 노출되어 있기 때문이다.

· 대한민국헌법 ·
°시행 1988. 2. 25. °헌법 제10호, 1987. 10. 29., 전부개정

제36조
① 혼인과 가족생활은 개인의 존엄과 양성의 평등을 기초로 성립되고 유지되어야 하며, 국가는 이를 보장한다.
② 국가는 모성의 보호를 위하여 노력하여야 한다.
③ 모든 국민은 보건에 관하여 국가의 보호를 받는다.

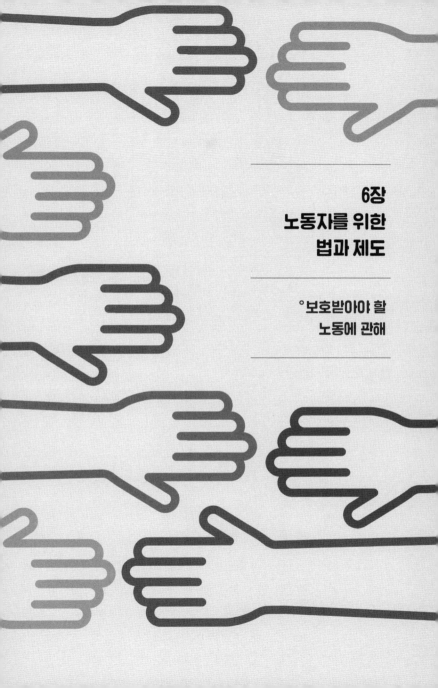

6장
노동자를 위한
법과 제도

°보호받아야 할
노동에 관해

한파에 노출된
노동자들

도로가 꽁꽁 얼어붙을 만큼 추운 날씨였다. 바람까지 드세 체감온도는 더욱 낮았다. 하지만 이런 날에도 어김없이 오전 6시가 되면 청소 차량 도착하는 소리가 들려온다. 눈이 많이 온 날 제설을 담당하는 노동자는 더욱 바빠진다. 겨울철은 건설 노동자, 물류하역 노동자 등 야외에서 일하는 노동자의 건강이 위협받는 시기다. 기후변화로 제주에까지 북극한파가 몰려오는 등 이상기온 현상은 점점 심해질 것이라는 예측이 들려온다.

더 구체적인 가이드라인이
필요한 때

여름철 폭염으로 옥외에서 일하는 노동자에게 열사병 같은 온열질환이 발생하는 것처럼 한파에는 저체온증 같은 한랭질환 위험이 도사리고 있다. 노동 안전에 관해 사업주의 의무를 구체적으로 명시한 〈산업안전보건기준에 관한 규칙〉에는 한랭작업을 할 때 사업주의 의무가 명시되어 있는데, 그 범위를 냉동고 작업, 드라이아이스 취급 작업 등으로 제한적으로만 열거하고 있어 노동자를 보호하는 제도는 앞으로 더 구체적으로 마련되어야 할 것이다.

얼마 전에는 한파 속에서 물류센터에서 상품 분류 작업을 하던 노동자가 심근경색으로 사망하는 안타까운 일이 발생했다. 한파는 급성심근경색이나 뇌졸중에 영향을 미친다. 택배 상하차 작업 공간은 물류 트럭을 댄 상태의 오픈된 공간이기 때문에 사실상 옥외 작업이나 마찬가지다.

몇 년 전부터 고용노동부는 한파에 노출된 노동자의 안전을 위한 '한랭질환 예방 가이드'를 발표하고 있지만 아직까지 현장에서 적극 활용되지는 못하고 있다. 가이드라인은 한파특보가 발생할 때 사업주의 의무를 명시하고 있는데, 한파특보 기준은 아침 최저기온이 영하 12도(주위보, 경보는

15도) 이하가 2일 이상 지속되거나 아침 최저기온이 전날보다 10도(15도) 이상 하강해 3도 이하이고 평년값보다 3도가 낮을 것으로 예상될 때 발령된다. 제주에도 한파특보가 발령되는 등 이상기온 현상으로 점점 극한 추위가 자주 찾아오고 있다. 일 최저기온이 영하로 내려가는 때는 많지 않지만 바람이 많아 체감온도는 무척 낮다. 2020년 2월 18일 예보된 제주시 날씨를 기준으로 하면 오전 11시 기온은 1도지만, 풍속은 36m/s로 체감온도는 −10도였다. 바람이 더 센 고산지역 체감온도는 더 낮다.

한랭질환은 저체온증, 동상 같은 알려진 질환을 비롯해 한파가 원인이 되어 발생한 사고와 질병까지 포함한다. 굳은 작업 자세로 넘어져 다치기도 하고, 고령자나 고혈압 질환자 같은 한랭질환 취약자는 또다른 질병을 얻게 될 수 있기에 각별한 주의가 요구된다.

따뜻한 옷, 따뜻한 물
그리고 따뜻한 장소

한파특보가 발효되면 옥외 작업자들에게 세 가지 환경이 요구된다. 당연한 이야기지만 따뜻한 옷(방한장구), 따뜻한 물, 따뜻한 장소(휴식)다. 사업주는 한파특보가 발효되면 따뜻한 시간대에 작업할 수 있도록 작업계획을 변경하고 휴식시간을 적절히 배분해야 한다. 가이드라인에는 구체적 기준이 없다. 그러니 평상시보다 일하는 시간을 줄이고 휴식시간을 자주 부여해야 한다. 또 사전에 옥외 작업자를 대상으로 저체온증, 동상 같은 한랭질환에 대해 인지시키고 응급처치 요령을 교육해야 한다.

현재 기상청은 한파특보를 발효할 때 일 최저기온을 기준으로 하고 있는데 이를 체감온도 기준으로 변경할 필요도 있다. 제주는 영하의 기온이 쉽게 관찰되지는 않지만 앞서 말했듯 바람이 심하게 부는 경우가 잦아 체감온도가 매우 낮기 때문이다. 기상청은 2020년부터 여름철 폭염특보를 낼 때 최고기온이 아닌 습도를 반영한 체감온도를 기준으로 삼고 있다. 실제 습도가 높으면 온열질환 위험이 더 커지는 탓이다. 한랭질환 역시 풍속을 반영한 체감온도를 기준으로 변경하는 것이 바람직할 것이다.

겨울철 한랭질환에 대비하는 것은 노동자의 예방으로만 해결되지 않는다. 사업주의 역할이 반드시 필요하다. 휴식시간 보장과 휴게시설 설치, 방한도구 제공이 제도적으로 보장되어야 한다. 최근 한 지자체는 휴게실 확보가 어려운 야외 건설 노동자를 위해 혹한기 노동자 이동 쉼터를 만들

어 시범 운영하고 있다. 노동자 보호는 이처럼 제도적으로
이뤄져야 마땅하다.

• 산업안전보건기준에 관한 규칙 •
°시행 2021. 1. 16. °고용노동부령 제273호, 2019. 12. 26., 일부개정

제559조(고열작업 등)

② "한랭작업"이란 다음 각 호의 어느 하나에 해당하
는 장소에서의 작업을 말한다.

1. 다량의 액체공기·드라이아이스 등을 취급하는
   장소
2. 냉장고·제빙고·저빙고 또는 냉동고 등의 내부
3. 그 밖에 고용노동부 장관이 인정하는 장소

제560조(온도·습도 조절)

① 사업주는 고열·한랭 또는 다습 작업이 실내인 경우
에 냉난방 또는 통풍 등을 위하여 적절한 온도·습
도 조절 장치를 설치하여야 한다. 다만, 작업의 성
질상 온도·습도 조절 장치를 설치하는 것이 매우
곤란하여 별도의 건강장해 방지 조치를 한 경우에
는 그러하지 아니하다.

제563조(한랭장해 예방 조치)

사업주는 근로자가 한랭작업을 하는 경우에 동상 등
의 건강장해를 예방하기 위하여 다음 각 호의 조치를

하여야 한다.

1. 혈액순환을 원활히 하기 위한 운동 지도를 할 것
2. 적절한 지방과 비타민 섭취를 위한 영양 지도를 할 것
3. 체온 유지를 위하여 더운물을 준비할 것
4. 젖은 작업복 등은 즉시 갈아입도록 할 것

제566조(휴식 등)

사업주는 근로자가 고열·한랭·다습 작업을 하거나 폭염에 직접 노출되는 옥외 장소에서 작업을 하는 경우에 적절하게 휴식하도록 하는 등 근로자 건강장해를 예방하기 위하여 필요한 조치를 하여야 한다.

°개정 2017. 12. 28.

제567조(휴게시설의 설치)

① 사업주는 근로자가 고열·한랭·다습 작업을 하는 경우에 근로자들이 휴식시간에 이용할 수 있는 휴게시설을 갖추어야 한다.

② 사업주는 근로자가 폭염에 직접 노출되는 옥외 장소에서 작업을 하는 경우에 휴식시간에 이용할 수 있는 그늘진 장소를 제공해야 한다. °신설 2017. 12. 28.

③ 사업주는 제1항에 따른 휴게시설을 설치하는 경우에 고열·한랭 또는 다습작업과 격리된 장소에 설치하여야 한다. °개정 2017. 12. 28.

지금 나의 일터는 안전한가

제주시 도남의 정부합동청사 1층을 지나는 길이었다. 로비 한편에 고용노동부에서 발간한 안전보건 관련 책자가 전시되어 있는 것이 눈에 띄었다. 정부에서 산업재해 사망자 수를 절반으로 줄이겠다는 목표를 세우고 그 일환으로 발간했다는 책자의 제목은 〈음료제조업 안전보건 실무길잡이〉였다. 2017년 음료공장에서 사망한 현장실습생 이민호 군과 2018년 같은 사고로 사망한 삼다수공장의 30대 노동자가 떠올랐다. 제주에서 연달아 음료공장에서 사망 사고가 발생하자 노동부는 음료 제조업 중 '생수공장'을 전수조사하기도 했다. 노동자가 죽은 뒤 책자가 발간되었다는 것에 쓸쓸함을 느끼며 책장을 넘겼다.

음료 제조업은 알코올 음료와 비알코올 음료 그리고 얼음 제조까지 포함한다. 책자를 통해 확인한 도내 음료 제조 업체는 생각보다 많았다. 최근 5년간 지속적으로 증가해 2018년 기준 971개 업체가 등록되어 있는 것으로 확인되었다. 이는 전국 음료 제조 사업장의 4.6퍼센트가량으로 타 지역보다 빠르게 증가하는 추세였다. 2014년 700여 곳에서 5년간 271곳이 늘어난 것이다. 추측건대 물 산업의 개발과 감귤을 비롯한 1차 산업과 연계한 음료 제조 사업의 확대가 증가에 영향을 끼친 게 아닌가 한다.

노동자 참여는 사업장 안전보건의 핵심

〈산업안전보건법〉은 산업재해를 예방하고 쾌적한 작업 환경을 조성함으로써 노동자의 안전과 보건을 유지·증진한다는 목적으로 제정된 법이다. 특별히 다른 법에 규정되어 있거나 적용 예외 사업에 포함되지 않는 한 모든 산업 분야에 적용된다. 그러다 보니 안전보건 기준을 정하는 시행규칙은 670조항이 넘고 건설업이나 위험 작업, 일반 사업장에 맞춰 별도의 지침까지 만들어놓은 상황이다. 예컨대 〈산업안전보건기준에 관한 규칙〉 제80조는 "사업주는 지속적으로 서서 일하는 근로자가 작업 중 때때로 앉을 수 있는 기회가 있으면 해당 근로자가 이용할 수 있도록 의자를 갖추어 두어야 한다"고 규정하고 있다. '사무실 공기관리지침'이라는 것도 있는데 이 지침은 사무실 공기의 미세먼지, 이산화탄소 등의 수치 기준을 고시해 이에 따라 관리하도록 하고 있다.

이와 같은 기준을 준수하기 위해 사업주는 사업장의 안전보건 관리체계를 갖출 의무가 있다. 안전보건 관리체계는 쉽게 표현해 담당자를 정하고 정기적인 회의체계를 갖추는 것이다. 관련법에 따라 일정 규모 이상 혹은 유해·위험 작업의 사업을 운영하는 사업주는 안전보건 관리 책임자를 선임하고 그를 보좌하고 조언하도록 전문가로 구성된 안전관리자 혹은 보건관리자를 두어야 한다. 또 노동자 위원과 사용자 위원이 동수로 구성된 '산업안전보건위원회'를 운영해야한다. 산업안전보건위원회는 사업장의 안전과 보건에 대한 중요 사항을 심의·의결하는 기구로 분기별 1회 이상 회의가 진행되어야 한다.

흔히 사업장 안전보건 분야의 전문가는 현장에서 일하

는 노동자라고들 한다. 노동자들이 아주 미세한 부분까지 그 누구보다 정확하게 현장을 알고 있어서다. 전문가들이 작업장의 위험 요소를 파악하기 위해 현장에서 일하는 노동자를 인터뷰하는 이유이기도 하다. 산업안전보건위원회는 노동자의 참여를 보장함으로써 현장의 위험 요소를 살피고 개선 방안을 도출할 기구로 작동할 수 있다. 다만, 산업안전보건위원회를 구성하기 위해서는 최소 상시노동자가 50인 이상이 되어야 하기에 제한적으로 적용되고 있다. 또 산업안전보건위원회가 개최되더라도 형식적 회의에만 그친다면 취지에 맞는 기능을 하기가 어려울 것이다.

음료 제조업을 기준으로 상시노동자가 50인 이상인 경우 사업주는 사업장 내에 안전보건 관리 책임자와 안전관리자를 두어야 한다. 음료 제조 사업장이 상시노동자 100인 이상인 경우에는 산업안전보건위원회를 구성해 운영해야 한다. 만약 앞선 상황에서 이런 체계가 제대로 운영되었다면 현장실습생과 노동자 사망 사고는 일어나지 않았을 것이다. 삼다수공장 사고도 안전보건 관리체계 아래에서 기계의 오류가 보고되고, 안전장치 미비에 대한 지적이 있었음에도 공장 측에서 개선하지 않다가 발생한 인재였다.

상대적으로 위험 요소가 많은 중소사업장에서는 안전보

건체계를 만드는 것이 의무 사항이 아니다. 최근 5년간 음료 제조업에서 발생한 산업재해의 절반이 100인 미만 사업장에 집중되어 있는 것이 그 방증이다. 일정 규모 이상이 전제되어야 하는 산업안전보건위원회가 아니더라도 사업장에서 자체적으로 안전과 보건에 대해 노동자가 직접 참여할 다양한 제도와 기회를 만드는 것이 중요하지만 지금까지는 사각지대로 존재하고 있다.

안전보건체계의 확대 적용이 필요하다

최근 제주도청과 제주도교육청에서 산업안전보건위원회가 구성되어 운영을 시작했다. 도청과 교육청에서 이제야 산업안전보건위원회를 구성한 이유는 무엇일까? 현행 〈산업안전보건법〉에서는 교육 서비스업과 공공행정 분야에 대해 안전보건관리체계 규정이 적용되지 않는다. 각급 학교와 지자체에 산업안전보건위원회가 없는 이유다. 하지만 교육 서비스와 공공행정 분야 노동자 중에 시설 관리나 환경 미화, 조리 시설 분야에서 일하는 이들에 대한 안전보건 조치가 필요하다는 요구가 오랫동안 있었고, 올해 초 고용노동부의 고시를 통해 이들 노동자를 대상으로 산업안전보건위원회를 설치하고 운영할 의무를 부여했다. 작은 조치이지만 노동자에게는 큰 변화다. 공식 회의를 통해 현장의 안전과 보건에 대해 정기적으로 논의하는 구조를 갖추었기 때문이다. 늦은 감이 있지만 산업안전보건위원회를 통해 현업 노동자의 오랜 고충이 개선될 수 있었으면 좋겠다.

노동자의 안전과 보건 영역도 점차 확대되고 있다. 과거에는 산업재해가 주로 '사고'였는데, 지금은 일하면서 생긴 근골격계질환 같은 직업병, 서비스 노동자의 감정노동이나 직장 내 괴롭힘이 야기한 질병도 상당한 비중을 차지하고 있다. 곧 다양한 영역에서 안전과 보건이 요구되고 있는 상황이다. 사업주 입장에서는 사업장의 안전을 지키기 위해 기본 체계가 필요하지만 지금의 〈산업안전보건법〉은 사업주의 의무만 강조하고 있을 뿐이다. 〈산업안전보건법〉에 담긴 안전보건체계가 확대 적용되어야 하고, 또 소규모 사업장에 적합한 제도적 보완이 필요해 보인다.

일터에서 하루를 시작하면서 '나의 일터는 안전한가?'라고 자문해보면 어떨까. 노동자의 참여가 일터의 변화를 가져오는 시작이 될 것이다.

• 산업안전보건법 •

°시행 2021. 1. 16. °법률 제17326호, 2020. 5. 26., 타법개정

제24조(산업안전보건위원회)

① 사업주는 사업장의 안전 및 보건에 관한 중요 사항을 심의·의결하기 위하여 사업장에 근로자 위원과 사용자 위원이 같은 수로 구성되는 산업안전보건위원회를 구성·운영하여야 한다.

• 산업안전보건기준에 관한 규칙 •

°시행 2021. 1. 16. °고용노동부령 제273호, 2019. 12. 26., 일부개정

제1조(목적)

이 규칙은 〈산업안전보건법〉 제5조, 제16조, 제37조부터 제40조까지, 제63조부터 제66조까지, 제76조부터 제78조까지, 제80조, 제81조, 제83조, 제84조, 제89조, 제93조, 제117조부터 제119조까지 및 제123조 등에서 위임한 산업안전보건기준에 관한 사항과 그 시행에 필요한 사항을 규정함을 목적으로 한다.

°개정 2012. 3. 5., 2019. 12. 26.

결혼하면 휴가로
며칠을 받아야 할까

식당 운영을 관리하는 지인에게 연락이 와 이런 질문을 받았다.

"직원이 결혼하는데 휴가로 며칠을 주어야 해요?"

결혼하는 노동자의 휴가에 대해 법에서 별도로 규정하는 것이 없기에 "일하는 직원이 몇 명 정도 되느냐?"고 되물었고 15명이라는 답변을 받았다. 나는 "취업규칙에 정해진 바가 없느냐?"고 또다시 물었다. 지인으로부터 돌아온 답변은 "취업규칙? 우리 식당에 그런 게 있었나?"였다.

나의 노동조건을 결정하는
규범의 종류

하루 대부분의 시간을 보내는 일터에서 내 노동조건은 다양한 범위를 포괄한다. 일반적으로 노동력을 제공한 대가인 임금에 관한 조건을 가장 중요하게 생각한다. 하지만 임금만이 아니라 일하는 과정에서 마주하는 다양한 사항도 모두 노동조건에 포함되는 중요한 것들이다. 휴일과 휴가 일수, 그 사용 방식에 대한 것도 그중 하나다.

노동조건을 결정하는 규범에는 여러 종류가 있다. 그 가운데 가장 많이 접하는 것은 일을 시작하면서 작성하는 근로계약서일 것이다. 근로계약서는 근로계약을 체결할 때 임금, 소정근로시간, 휴일, 연차휴가 등을 서면으로 명시해 작성한 것인데, 〈근로기준법〉은 사용자에게 작성 의무를 부과하며 노동자에게 반드시 1부를 배부하도록 하고 있다.

둘째로는 10인 이상 사업장이라면 작성할 의무가 있는 취업규칙이다. 취업규칙은 사용자의 일방적 의사에 따라 작성되는 규범으로, 한번 작성된 취업규칙은 구성원의 협의와 합의 절차를 거쳐야만 변경이 가능하다. 이는 사업장에서 공통으로 적용되는 규범이기도 하다. 셋째로는 노동조합이 있는 사업장의 경우 노사간 교섭을 통해 정한 단체협약이다. 마지막으로는 노동 관계 법령에 따라 노동조건이 결정된다.

노동자에게 유리한
규범을 우선 적용

한 명의 노동자에게 노동 관계 법령, 단체협약, 취업규칙, 근로계약이 모두 존재하는 상황에서 서로 상충되는 내용이 있다면 어떻게 해야 할까? 원칙적으로는 법령이 상위 규범이므로 우선 적용이 된다. 그다음으로 단체협약, 취업규칙 및 근로계약 순으로 적용되는데, 다만, 하위 규범이라도 노동자에게 유리한 사항이 있다면 그 규범을 우선 적용한다.

최저임금제도를 생각해보면 이해가 쉽다. 매년 결정되는 최저임금은 〈최저임금법〉에 따라 고용노동부 장관이 고시한다. 〈최저임금법〉은 모든 사업장에 적용되기 때문에 최저임금을 받는 노동자와 사용자가 별도의 갱신 계약을 체결하지 않더라도 매년 1월 1일이 되면 인상된 최저임금액을 자동으로 적용받는다. 기본적으로는 노동 관계 법령이 우선 적용되는 것이다. 반면 최저임금보다 높은 임금을 명시한 단체협약이나 근로계약이 체결되어 있다면 법령 내용은 최저 기준이므로 노동자에 유리한 높은 수준의 임금을 적용받게 되는 것이다.

경조사 휴가는 며칠인가?

맨 처음 언급한 사례처럼 경조사가 발생한 경우 당사자의 휴가는 어떻게 보장될까? 경조사 휴가는 보통 취업규칙이나 단체협약 같은 사업장 내부 규정에 따라 운영되기도 하지만 따로 정해두지 않은 경우도 많다. 앞에서 말했듯 노동자의 근로시간, 휴일, 휴가 등을 규정하는 〈근로기준법〉에서는 경조사에 대한 휴가 일수까지 명시하고 있지는 않다. 다만, 공무원은 복무규정에서 5일의 휴가를 부여하고 있고, 고용노동부에서 배포하는 표준 취업규칙도 본인 결혼에 대한 경조사 휴가 일수로 5일을 제시하고 있다. 앞 사례처럼 상시노동자가 15인인 사업장이라면 취업규칙을 작성할 의무가 있다. 〈근로기준법〉은 10인 이상 사업장의 취업규칙을 강제하고 있기 때문이다.

10인 이상 사업장이라면
취업규칙을 확인해보자

내가 다니고 있는 사업장이 상시노동자 10인 이상 사업장이라면 취업규칙을 반드시 확인해볼 필요가 있다. 취업규칙에는 다양한 노동조건이 명시되어 있기 때문이다. 일반적으로 근로계약서에 "근로계약서에 없는 사항은 취업규칙에 따른다"라고 되어 있는 경우가 많은데, 실제 노동자가 취업규칙을 꼼꼼하게 확인하는 일은 드물다. 취업규칙에는 근로계약서에 포함되어 있지 않은 내용, 이를테면 직장 내 괴롭힘 예방에 관한 것이나 괴롭힘이 발생했을 때 어떻게 조치해야 하는지에 대한 사항, 노동자의 성별·연령 또는 신체적 조건 등의 특성에 따른 사업장 환경 개선에 관한 사항, 표창과 제재에 관한 사항 같은 전체 노동자에게 적용되는 사항을 명시하도록 하고 있다. 사용자는 노동자가 자유롭게 열람할 수 있는 장소에 취업규칙을 항상 비치해두어야 하고 노동자가 열람을 요구하면 이에 응해야 한다.

만일 10인 이상 사업장인데도 취업규칙이 마련되어 있지 않다면 노동자들이 먼저 사용자에게 취업규칙 작성을 요구해야 한다. 취업규칙을 작성하는 과정에서 해당 사업장을 구성하는 노동자의 의견이 충분히 반영될 수 있다면 더없이 좋을 것이다.

• 근로기준법 •

°시행 2021. 7. 1. °법률 제15513호, 2018. 3. 20., 일부개정

제93조(취업규칙의 작성·신고)

상시 10명 이상의 근로자를 사용하는 사용자는 다음 각 호의 사항에 관한 취업규칙을 작성하여 고용노동부 장관에게 신고해야 한다. 이를 변경하는 경우에도 또한 같다. °개정 2008. 3. 28., 2010. 6. 4., 2012. 2. 1., 2019. 1. 15.

1. 업무의 시작과 종료 시각, 휴게시간, 휴일, 휴가 및 교대 근로에 관한 사항

2. 임금의 결정·계산·지급 방법, 임금의 산정 기간·지급 시기 및 승급昇給에 관한 사항

3. 가족수당의 계산·지급 방법에 관한 사항

4. 퇴직에 관한 사항

5. 〈근로자퇴직급여 보장법〉 제4조에 따라 설정된 퇴직급여, 상여 및 최저임금에 관한 사항

6. 근로자의 식비, 작업 용품 등의 부담에 관한 사항

7. 근로자를 위한 교육 시설에 관한 사항

8. 출산전후휴가·육아휴직 등 근로자의 모성 보호 및 일·가정 양립 지원에 관한 사항

9. 안전과 보건에 관한 사항

9의 2. 근로자의 성별·연령 또는 신체적 조건 등의 특성에 따른 사업장 환경의 개선에 관한 사항

10. 업무상과 업무 외의 재해부조災害扶助에 관한 사항

11. 직장 내 괴롭힘의 예방 및 발생 시 조치 등에 관한 사항

12. 표창과 제재에 관한 사항

13. 그 밖에 해당 사업 또는 사업장의 근로자 전체에 적용될 사항

제94조(규칙의 작성, 변경 절차)

① 사용자는 취업규칙의 작성 또는 변경에 관하여 해당 사업 또는 사업장에 근로자의 과반수로 조직된 노동조합이 있는 경우에는 그 노동조합, 근로자의 과반수로 조직된 노동조합이 없는 경우에는 근로자의 과반수의 의견을 들어야 한다. 다만, 취업규칙을 근로자에게 불리하게 변경하는 경우에는 그 동의를 받아야 한다.

② 사용자는 제93조에 따라 취업규칙을 신고할 때에는 제1항의 의견을 적은 서면을 첨부하여야 한다.

새롭게 바뀐
노동 관련 법률들과
아쉬움

아이 입학식이나 졸업식 혹은 참관수업에 가야 할 때, 병원에 계신 조부모를 짧은 기간 간병해야 할 때, 아이를 데리고 갑자기 병원을 찾아야 할 때. 배우자의 예기치 않은 사고로 며칠간 보살핌이 필요할 때, 직장인 조부모가 손주를 양육하고 있는데 급히 돌봐야 하는 일이 생길 때 어떻게 하고 있는가?

일과 생활의 균형이라는 개념이 거론된 지는 오래지만 노동자의 일상은 그래도 회사를 중심으로 움직이고 있다. 간혹 위 사례와 같은 예기치 않은 일이 발생하면 별도의 휴가제도가 보장하지 않는 한 대부분 연차휴가를 사용할 것이다. 그런데 연차휴가를 모두 소진한 경우라면? 연차휴가만큼은 오롯이 자신을 위한 재충전의 시간으로 보내고 싶은 욕구도 있을 것이다. 애초 연차휴가제도의 취지도 그러하다. 게다가 5인 미만 사업장이어서 연차휴가제도가 의무적으로 적용되지 않는 경우에는 쉴 엄두도 내지 못한다.

2020년 들어 앞 사례와 같은 가족 돌봄 문제는 아주 조금 숨통이 트였다. 2019년 8월 27일, 이른바 '남녀고용평등법'이 개정되면서 2020년 1월 1일부터 적용되었기 때문이다. 주요 개정 사항은 아래와 같다.

첫째, 가족 돌봄의 대상인 '가족의 범위'가 확대되었다.

기존에는 가족의 범위가 (배우자의) 부모, 자녀, 배우자에 국한되었다면 이제는 (배우자의) 조부모와 손·자녀까지 포함된다. 현실에서는 그보다 더 다양한 가족 형태가 존재하지만 그중 조손가정을 반영한 결과라 할 수 있다.

둘째, 가족돌봄제도를 사용하게 될 때 '돌봄의 사유'가 확대되었다.

지금까지는 질병, 사고, 노령에 의한 사유가 발생했을 때에만 가족 돌봄이 가능했지만, 이제는 가족 돌봄 범위에 '자녀 양육'까지 포함되었다. 자녀 양육에는 입학식이나 졸업식 같은 학교 행사도 들어간다.

셋째, 가족돌봄휴직 외에 휴가제도가 신설되었다.

2019년까지는 휴직제도만 존재했는데, 1년간 90일까지 사용할 수 있었다. 분할 사용도 가능했지만 1회 사용 시 30일 이상 사용하는 방식이었다. 그런데 법 개정으로 2020년 1월 1일부터는 하루 단위로 사용하는 휴가제도가 신설되었다. 휴가는 1일 단위로 사용할 수 있고, 1년간 총 10일까지 이용할 수 있다(코로나19 상황에서는 10일이 연장되어 총 20일이다). 10일을 붙여 사용해도 된다. 가족돌봄휴직과 휴가를 모두 합쳐 연간 90일까지 사용할 수 있다.

넷째, 근로시간단축제도가 신설되었다.

이 제도는 가족돌봄휴직·휴가제도와 별도로 운영되는 제도다. 육아휴직 대신 육아기 근로시간단축제도를 사용할 수 있는 것과 비슷하게 가족 돌봄 등의 사유가 있으면 사용할 수 있다. 특이한 점은 신청 사유에 본인 건강, 은퇴 준비, 학업도 포함되어 있다는 점이다. 드디어 가족이 아닌 본인 건강과 생활을 챙길 수 있는 제도가 등장한 것이다! 하지만 일상적인 근무를 하면서 일부 노동시간만 단축하는 것이기에 한계는 있다. 또 다른 제도와 달리 대체 인력 채용이 불가능한 경우에는 사업주의 거부권이 보장된다. 근로시간

단축제도를 사용하는 경우 회사와 협의해 주당 노동시간을 15~30시간 사이로 조정하는 게 가능하다.

가족돌봄휴가와 휴직제도는 2020년을 기해 1인 이상 모든 사업장에 적용되며, 근로시간단축제도는 2020년에는 300인 이상 사업장과 공공기관이 대상이지만 2022년까지 단계적으로 1인 이상 모든 사업장에 적용할 예정이다.

김용균 없는 김용균법

2018년 태안화력발전소에서 일하던 김용균 노동자의 죽음으로 일터에서의 재해가 사회 이슈로 떠올랐다. 그의 죽음과 투쟁을 통해 26년 만에 〈산업안전보건법〉은 전면 개정되었다. 그러나 결론부터 말하자면 이른바 '김용균법'은 법 개정을 추진한 본래 취지와 전혀 다른 모습을 하고 있다. '김용균법'이라 불리지만 그 안에는 김용균이 없다.

2018년 12월 27일 국회를 통과한 〈산업안전보건법〉의 주요 골자는 '근로자'에게 적용했던 것을 '노무를 제공하는 자'로 확대했다는 점이다. 다변화되는 고용 형태에 맞춰 모두의 안전을 지키겠다는 취지다. 이에 따라 대표이사, 건설공사 발주자, 프랜차이즈 가맹본부 등에 대해 산업재해 예방 책임 의무를 신설했다.

도급 시의 산업재해 예방을 별도의 장으로 구성하고 도급 금지와 도급인의 안전조치 책임 범위도 확대했다. 조선소, 발전소를 포함한 많은 현장에서 위험한 업무의 도급이 무분별하게 이뤄지는데, 사망하는 노동자 대다수가 외주화된 위험 업무를 담당하는 도급업체 노동자다. 그동안은 도급업체 노동자가 사망하더라도 원청은 책임지지 않는 구조였다. 이를 해결하기 위해 도급을 금지하고 원청의 책임을 확대하는 법안을 신설한 것이다. 사망 사고 같은 중대 재해가 발생하면 노동부가 해당 사업장에 작업 중지 명령을 내릴 수 있도록 법률로 명시했다.

그러나 위험 업무의 도급을 금지했지만 그 범위를 지나치게 제한했다. 발전소나 조선소에서 사망 사고가 빈발하지만, 개정법대로라면 여전히 위험한 업무를 외주화할 수 있다. 결과적으로 산업재해 사망 사고의 가장 큰 비중을 차지하는 '위험 업무의 외주화'를 막아낼 방법을 마련하지 못했다. 또 사망 사고가 발생하더라도 사업장에 대한 전면 작업 중지가 불가능해졌다. 사업장의 작업 중지 기간도 대폭 축소되었다. 오히려 이전보다 더 후퇴한 부분이다.

과정은 이렇다. 〈산업안전보건법〉 전면 개정 이후 노동부는 그 구체적인 내용을 결정하는 〈산업안전보건법 시행령〉을 1년 동안 개정했다. 개정 과정에서 노동계와 경영계의 의견이 제출되었는데 결과적으로 경영계의 손을 들어준 것이다.

2018년 사망 사고가 발생한 제주 삼다수공장은 한 달 동안 공장 가동이 중단되었다. 2017년 현장실습생이 사망한 제이크리에이션 용암해수공장 역시 한 달 동안 가동이 중단되었다. 공장 가동이 중단된 시기에는 사고의 원인을 밝히는 것과 동시에 해당 사업장에 대한 종합적 근로 감독이 진행되고, 현장의 위험 요소를 제거하는 등 개선이 이뤄졌다. 그런데 이번 개정법은 작업 중지의 범위를 좁히고 기간도 축소했다. 안전시설 미비로 사망 사고가 발생했을 때 사업주의 부담을 오히려 덜어준 꼴이 되었다.

그렇다고 사망 사고에 대한 사업주의 처벌 조항이 도입되었을까? 그렇지도 않다. 사업장에 대한 노동 관서의 적극적 행정명령도 중대 재해가 발생하지 않으면 제한된다. 정부에서는 〈산업안전보건법〉이 전면 개정되었다고 자화자찬했지만 그 실체를 들여다보면 암울할 뿐이다.

생명권은 인권의 기본 중 기본이다. 작년 말 국가인권위원회는 간접고용 노동자의 생명권을 위해 위험의 외주화를 금지하고 관련법을 개정할 것을 노동부에 권고하기도 했다.

최소한 일하다 죽는 것이 일상이 되지 않는 사회로 나아갔으면 좋겠다.

• 남녀고용평등과 일·가정 양립 지원에 관한 법률 •
°시행 2021. 5. 18. °법률 제18178호, 2021. 5. 18., 일부개정

제22조의 3(가족 돌봄 등을 위한 근로시간 단축)

① 사업주는 근로자가 다음 각 호의 어느 하나에 해당하는 사유로 근로시간의 단축을 신청하는 경우에 이를 허용하여야 한다. 다만, 대체 인력 채용이 불가능한 경우, 정상적인 사업 운영에 중대한 지장을 초래하는 경우 등 대통령령으로 정하는 경우에는 그러하지 아니하다.

1. 근로자가 가족의 질병, 사고, 노령으로 인하여 그 가족을 돌보기 위한 경우

2. 근로자 자신의 질병이나 사고로 인한 부상 등의 사유로 자신의 건강을 돌보기 위한 경우

3. 55세 이상 근로자가 은퇴를 준비하기 위한 경우

4. 근로자의 학업을 위한 경우

② 제1항 단서에 따라 사업주가 근로시간 단축을 허용하지 아니하는 경우에는 해당 근로자에게 그 사유를 서면으로 통보하고 휴직을 사용하게 하거나 그 밖의 조치를 통하여 지원할 수 있는지를 해당 근

로자와 협의하여야 한다.

③ 사업주가 제1항에 따라 해당 근로자에게 근로시간 단축을 허용하는 경우 단축 후 근로시간은 주당 15시간 이상이어야 하고 30시간을 넘어서는 아니 된다.

④ 근로시간 단축의 기간은 1년 이내로 한다. 다만, 제1항 제1호부터 제3호까지의 어느 하나에 해당하는 근로자는 합리적 이유가 있는 경우에 추가로 2년의 범위 안에서 근로시간 단축의 기간을 연장할 수 있다.

⑤ 사업주는 근로시간 단축을 이유로 해당 근로자에게 해고나 그 밖의 불리한 처우를 하여서는 아니 된다.

⑥ 사업주는 근로자의 근로시간 단축 기간이 끝난 후에 그 근로자를 근로시간 단축 전과 같은 업무 또는 같은 수준의 임금을 지급하는 직무에 복귀시켜야 한다.

⑦ 근로시간 단축의 신청 방법 및 절차 등에 필요한 사항은 대통령령으로 정한다.

° 본조 신설 2019. 8. 27.
° 종전 제22조의 3은 제22조의 5로 이동 2019. 8. 27.

· 산업안전보건법 ·

°시행 2021. 1. 16. °법률 제17326호, 2020. 5. 26., 타법 개정

제1조(목적)

이 법은 산업 안전 및 보건에 관한 기준을 확립하고 그 책임의 소재를 명확하게 하여 산업재해를 예방하고 쾌적한 작업환경을 조성함으로써 노무를 제공하는 사람의 안전 및 보건을 유지·증진함을 목적으로 한다. °개정 2020. 5. 26.

2021년부터 시행되는
노동법 제도들

2021년 1월 1일부터
최저임금은 시급 8720원

최저임금은 최소한의 임금 수준을 보전하기 위해 모든 사업장에 적용되는 법정 임금제도다. 최저임금위원회는 2021년 최저임금으로 역대 최저의 인상률인 1.5퍼센트를 확정했다. 금액으로 따지면 시급 130원 인상에 불과하다. 그래서 2021년 최저임금은 시급 8720원(일 8시간으로 환산하면 일급 6만 9760원, 주 40시간으로 환산하면 월급 182만 2480원)이다. 간혹 수습이라는 이유로 최저임금을 감액하는 경우가 있는데, 1년 이내로 근로계약 기간을 정한 기간제 노동자에게는 수습 기간 동안이라도 최저임금을 감액할 수 없다. 또 청소나 경비, 음식점, 주유소, 편의점에서 판매 업무를 하는, 한국 표준직업분류에서 '단순노무직'의 해당하는 경우에도 감액이 불가능하다.

최저임금액은 소폭이라도 인상되고 있지만 한편으로는 최저임금에 포함되는 급여 범위가 확대되고 있다. 이는 2018년 〈최저임금법〉 개정으로 도입된 것인데, 당시 정부는 최저임금 인상에 따른 비판 여론을 의식해 기존에는 최저임금에 포함되지 않았던 상여금과 식대를 단계적으로 최저임금에 포함시키기로 했다. 2021년은 매월 지급되는 상여금 가운데 최저임금의 15퍼센트(27만 3372원)를 초과하는 금액과 매월 지급되는 복리후생비 가운데 최저임금의 3퍼센트(5만 4674원)를 초과하는 금액이 최저임금에 포함된다.

예컨대 작년에 최저임금 수준의 기본급과 식대 10만 원을 받는 노동자가 있었다면, 올해 사업주가 기본급을 인상하지 않더라도 식대 중 4만 원 이상이 최저임금에 포함돼 〈최저임금법〉 위반이 되지 않는 것이다. 곧 최저임금이 올라도 노동자의 임금은 동결되는 것이나 마찬가지다. 매월 지급되는 상여금과 복리후생비는 매년 단계적으로 확대돼

2024년부터는 전액 포함된다.

한편, 해상에서 일하는 선원은 〈선원법〉에 따라 별도의 최저임금을 적용받는다. 2021년 고시된 금액은 작년보다 1.5퍼센트 인상된 월 224만 9500원이다.

2021년 1월 1일부터 30인 이상 사업장 유급 휴일(공휴일) 확대

2021년부터 상시노동자 30인 이상 사업장의 노동자도 '빨간날'에 쉴 수 있다. 그동안 관공서는 〈관공서의 공휴일에 관한 규정〉을 별도로 두었지만, 민간 기업은 단체협약이나 취업규칙에 따라 공휴일 휴무 여부가 결정되었다. 그런데 2018년 〈근로기준법〉 개정으로 공휴일의 유급 휴일을 민간 기업에까지 적용했다. 2020년에는 300인 이상 사업장부터 의무적으로 적용되었고, 2021년은 30인 이상 사업장으로까지 확대되었다. 그리고 2022년부터는 5인 이상 사업장에도 적용될 예정이다. 〈관공서의 공휴일에 관한 규정〉은 우리가 흔히 알고 있는 달력상 '빨간날'이다. 〈근로기준법〉에서는 빨간날 중 일요일은 유급 휴일에서 제외했다. 민간 사업장은 주휴일이 일요일이 아닌 경우가 많기 때문이다. 관공서의 공휴일은 총 15일(신정, 명절 6일, 국경일 중 4일, 어린이날, 석가탄신일, 현충일, 크리스마스)이며 공직선거일이나 대체공휴일(명절이 일요일에 겹친 경우 혹은 어린이날이 토요일·일요일에 겹친 경우)도 추가로 포함된다.

예컨대 그동안 공휴일이 유급 휴일에 해당하지 않았고, 상시노동자가 30인 이상이고, 휴일에도 운영하는 사업장에서 일하는 노동자라면 2021년부터는 빨간날에 일한 경우(일요일은 제외) 휴일근무 수당을 받아야 한다. 공휴일에 일했다면 8시간까지는 150퍼센트, 8시간을 초과하면 200퍼센트의 가산 임금이 지급된다. 만약 사용자와 근로자 대표가 사전에 서면으로 합의하면 본래 근무일 중 하루를 휴일로 대체할 수 있으며 가산수당은 지급하지 않아도 된다. 이때 사용자는 해당 노동자에게 교체할 휴일을 미리 특정해 24시간 이전에 고지해야 한다. 노동자에게 온전한 휴일을 보장하려면 휴일 대체 방식이 아닌 교대 인력 충원 같은 실질적 대책이 마련되어야 할 것이다.

2021년 1월 1일부터
국민취업지원제도(최대 300만 원) 시행

2020년에 〈구직자 취업촉진 및 생활안정 지원에 관한 법률〉이 제정되어 2021년 1월 1일부터 시행되었다. 국민취업지원제도는 15~69세 취업 취약 계층에게 취업 지원 서비스와 생계 지원을 함께 제공하는 실업 부조제도다. 지원 대상은 나이, 중위소득과 재산, 취업 경험 등이 충족되어야 한다. 예컨대 4인 가구를 중심으로 월 소득이 248만 원 이하면 중위소득 50퍼센트에 해당돼 국민취업지원제도 대상이 될 수 있다. 구체적 지원 내용은 취업 지원 서비스와 최대 300만 원까지(월 50만 원×6개월) 지원하는 구직 촉진수당이다.

국민취업지원제도에서 지원하는 구직 촉진수당은 고용보험에 가입할 것을 전제로 하지 않기 때문에 일정 요건이 되면 지원금을 받을 수 있다. 만일 고용보험에 가입되어 실업수당을 받고 있는 경우라면 국민취업지원제도 대상에 속하지 않는다.

• 구직자 취업촉진 및 생활안정 지원에 관한 법률 •

°시행 2021. 1. 1. °법률 제17431호, 2020. 6. 9., 제정

제1조(목적)

이 법은 근로 능력과 구직 의사가 있음에도 불구하고 취업에 어려움을 겪고 있는 국민에게 통합적인 취업 지원 서비스를 제공하고 생계를 지원함으로써 이들의 구직 활동 및 생활 안정에 이바지함을 목적으로 한다.

제7조(구직촉진수당의 수급 요건)

① 다음 각 호의 요건에 모두 해당하는 사람은 구직촉
진수당의 수급 자격이 있다.

1. 제6조에 따른 수급 요건을 갖출 것

2. 제6조 제1항 제3호에 따른 가구 단위의 월평균
   총소득이 기준 중위소득의 100분의 60 이내의
   범위에서 최저 생계비 및 구직 활동에 드는 비용
   등을 고려하여 대통령령으로 정하는 수준 이하
   일 것

3. 가구원이 소유하고 있는 토지·건물·자동차 등
   재산의 합계액이 6억 원 이내의 범위에서 대통
   령령으로 정하는 금액 이하일 것

4. 제8조에 따른 취업 지원 신청일 이전 2년 이내
   의 범위에서 대통령령으로 정하는 기간 이상 취
   업한 사실이 있을 것

코로나19 시대에 알아두면 좋을 노동자 보호제도

코로나19라는 예기치 않은 상황이 계속되고 있다. 관광 수요 급감으로 영업을 축소하고 순환 휴직에 들어갔던 제주 시내 모 호텔은 2020년 12월 성수기를 앞두고 근 일 년 만에 정상영업에 돌입했다. 하지만 얼마 되지 않아 찾아온 3차 대유행으로 다시 부분 영업으로 전환되었고 노동자들은 또다시 순환 휴직을 해야만 했다.

상담소로 걸려오는 문의도 코로나19 발생 초기와 비슷한 양상이었다. 회사에서 사직을 권고하는 상황에서 어떻게 대처해야 하는지, 무급 휴직 상황에서 자발적으로 이직하는 경우 실업급여를 수급할 수 있는지에 관한 것들이었다. 안타깝게도 고용관계를 종료하는 것이 전제가 되는 상담이 많았다. 하지만 코로나19 상황에서 고용을 조정하는 것이 근본 해결책이 아니란 것을 지난 경험을 통해서 알게 되었다. 오히려 위기 상황에서는 노동자의 고용이 더욱 안정되어야 한다. 제주도 내 코로나 확진이 늘고 밀접 접촉자의 자가격리 숫자도 증가하고 있다. 코로나19가 다시 확산되고 있는 상황에서 노동자들에게 도움이 될 주요 제도를 소개하고자 한다.

입원자 및 격리자의 생활지원금

코로나19는 보건복지부 장관이 고시한 제1급 감염병이다. 따라서 사업주와 정부는 〈감염병 예방 및 관리에 관한 법률〉에 따라 의무를 갖는다. 코로나19에 감염되어 입원했거나 정부 지침에 따른 14일간의 격리로 생업을 중단하게 된 경우 정부는 이 법에 따라 생활비 지급 같은 지원체계를 갖추어야 한다. 현재 자영업자나 무직자, 저소득층은 생활지원금 명목으로 생계비 일부가 지급되고 있다. 사용자는 사업장의 규모와 관계없이 노동자에게 유급 휴가를 보장할

수 있고, 사용자가 유급 휴가를 보장하면 정부는 일 최대 13
만 원을 사업주에게 유급 휴가비로 지원한다.

사업장의 휴업과
휴업수당(고용유지지원금)

사업장이 보건당국 지침에 따라 휴업한 경우가 아닌 관
광객과 이용객의 급감으로 휴업하게 되면 법상 휴업수당이
지급되어야 한다. 하지만 사업주도 예측할 수 없고 대비하
기 힘든 코로나19 상황에서 정부는 고용유지지원금을 확대
했다. 2020년에는 경영난을 이유로 휴업하면 고용을 유지
하는 것을 전제로 사용자가 부담해야 할 휴업수당(평균임금
의 70퍼센트)을 정부에서 최대 90퍼센트까지 지원했다. 카지
노업처럼 전면 휴업이 장기간 이어져 6개월 한도의 고용유
지지원금을 모두 사용하고 나면 노사간 합의를 거쳐 무급휴
직지원금제도(월 50만 원씩 최대 3개월)로 소득 일부를 보전하
면서 고용을 유지하기도 했다. 2019년 8곳에 불과했던 고용
유지지원금 신청 사업장이 2020년 12월 중순까지 6900곳
이 넘었다고 한다. 860배가 넘는 수치다. 많은 사업장에서
고용유지지원금제도를 이용했는데도 폐업하거나 고용관계
를 종료하는 상황은 끊이지 않았다.

코로나19와 실업급여

원칙적으로 회사의 권고사직 제안을 받아들이거나 다른 직장을 구하기 위해 스스로 퇴직하는 경우에는 자발적 이직으로 해석해 실업급여 대상에서 제외된다. 하지만 코로나19라는 특수 상황에서는 자발적 이직이더라도 실업급여가 수급되는 경우가 있다. 경영 악화를 이유로 사업주에게 퇴직을 권고받았거나 인력을 감축하는 과정에서 퇴직하는 경우다. 다만, 이후 발생할 수 있는 분쟁을 예방하기 위해 '경영 악화로 인한 권고사직'임을 명시한 사직서를 작성하거나 '피보험자 이직확인서'를 사업주에게 요구해 실업급여 수급 자격이 제한되지 않도록 사유를 명기해놓아야 한다.

코로나19와 가족돌봄휴가

지역사회 감염이 시작되면서 학원과 학교에서도 확진자가 속출했다. 이에 원격수업이 확대되는 학교가 늘었다. 몇몇 학교는 방역을 위해 돌봄교실이나 방과후교실까지 중단해 가정 내에서 돌봄이 더욱 요구되는 상황이 되었다. 2021년 1월 1일부터 시행된 가족돌봄휴가제도는 코로나19 상황에서 사용 빈도가 잦아진 제도다. 코로나19 상황은 1년간 최대 10일까지 사용할 수 있는 가족돌봄휴가 기간을 연장시켰다. 정부는 2020년 9월 9일 고시를 통해 1년간 최장 10일까지 사용 가능한 가족돌봄휴가를 10일 연장해 최대 20일까지 사용할 수 있게 했다. 상시 근로자가 100인 미만인 우선지원대상 기업의 노동자가 코로나19로 가족돌봄휴가를 무급으로 사용하는 경우 하루 5만 원씩 돌봄비용 긴급지원금을 최대 15일까지 지원하고 있다.

많은 비정규직 노동자는 연말연시가 재계약 시기다. 코로나19로 노동자들의 고용은 더욱 불안정할 수밖에 없다. 이 어려움을 고용을 해지하는 것으로 당장 해결하기보다 각종 지원제도를 적극 활용해 고용을 유지하는 방향으로 조금만 더 버텨나갔으면 바란다.

· 고용보험법 ·
°시행 2021. 7. 1. °법률 제17859호, 2021. 1. 5., 일부개정

제21조(고용조정의 지원)

① 고용노동부 장관은 경기의 변동, 산업구조의 변화 등에 따른 사업 규모의 축소, 사업의 폐업 또는 전환으로 고용조정이 불가피하게 된 사업주가 근로자에 대한 휴업, 휴직, 직업 전환에 필요한 직업능력개발 훈련, 인력의 재배치 등을 실시하거나 그 밖에

근로자의 고용안정을 위한 조치를 하면 대통령령으로 정하는 바에 따라 그 사업주에게 필요한 지원을 할 수 있다. 이 경우 휴업이나 휴직 등 고용안정을 위한 조치로 근로자의 임금(〈근로기준법〉 제2조 제1항 제5호에 따른 임금을 말한다. 이하 같다)이 대통령령으로 정하는 수준으로 감소할 때에는 대통령령으로 정하는 바에 따라 그 근로자에게도 필요한 지원을 할 수 있다. °개정 2010. 6. 4., 2013. 1. 23., 2019. 8. 27.

② 고용노동부 장관은 제1항의 고용조정으로 이직된 근로자를 고용하는 등 고용이 불안정하게 된 근로자의 고용안정을 위한 조치를 하는 사업주에게 대통령령으로 정하는 바에 따라 필요한 지원을 할 수 있다. °개정 2010. 6. 4.

③ 고용노동부 장관은 제1항에 따른 지원을 할 때에는 〈고용정책 기본법〉 제32조에 따른 업종에 해당하거나 지역에 있는 사업주 또는 근로자에게 우선적으로 지원할 수 있다.

°개정 2009. 10. 9., 2010. 6. 4., 2013. 1. 23.

당신의 노동은 안녕한가요?

1판 1쇄 찍음 2021년 06월 15일
1판 1쇄 펴냄 2021년 06월 25일

지은이 김경희
펴낸이 천경호
종이 월드페이퍼
제작 (주)아트인
펴낸곳 루아크
출판등록 2015년 11월 10일 제409-2015-000020호
주소 10083 경기도 김포시 김포한강2로 208, 410-1301
전화 031.998.6872
팩스 031.5171.3557
이메일 ruachbook@hanmail.net

ISBN 979-11-88296-50-7 03300